FALKEN
FARBIG

Ruth Scholz-Peters

Phantasieblumen

aus Strumpfgewebe, Tauchlack, Papier, Federn...

FALKEN VERLAG

CIP-Kurztitelaufnahme der Deutschen Bibliothek

Scholz-Peters, Ruth:
Phantasieblumen aus Strumpfgewebe, Tauchlack,
Papier . . . / von Ruth Scholz-Peters
Niedernhausen/Ts.: Falken-Verlag, 1979
(Falken farbig)
ISBN 3 8068 5091 7

ISBN 3 8068 5091 7

Modelle, Zeichnungen und Fotos: Autorin
Satz: H. G. Gachet & Co., 6070 Langen bei Ffm.
Druck: Stalling AG, Oldenburg

817 2635 4453 62

Inhalt

Vorwort

Wer wünscht sich nicht, ständig von vielen Blumen in den verschiedensten Formen und Farben umgeben zu sein. Leider ist die Lebensdauer der natürlich gewachsenen Pracht immer nur kurz. Aber mit einigen Ideen und ein wenig Geschick lassen sich zarte und duftige, große und kleine, elegante und rustikale Sträuße, Gestecke und Schmuck von dauerhafter Schönheit zaubern. Der Phantasie sind hier keine Grenzen gesetzt.

Da leuchten transparente Sonnenblumen aus Tauchlack, zarte Stoffspitzenblüten zieren Geschenkpackungen, Blechblumenbäumchen bilden den Blickfang der Fensterbank, ausgebrannte Glühlampen werden zu blühenden Wandreliefs verarbeitet, bunte Papierblumen dekorieren den Geburtstagstisch, kleine Ansteckssträuße aus Satin und Seide schmücken das Kleid, die Haarspange und den Hut, farbige Strumpfgewebe lassen interessante Blattzweige und Fächerblumen entstehen, aus Federn zaubert man exotisch anmutende Knospen und Blütenranken und vieles andere mehr.

Jede Blume ist einmalig, keine gleicht der anderen. Es gibt keine vorgefertigte Form für die Blütenblätter, alles wird frei gestaltet. Man bestimmt die Anzahl der Blätter und Blüten und deren Größe, die Farbe und das Material, aus dem eine Blume gefertigt werden soll. Außerdem ist es jedem überlassen, wie einzelne Blätter zusammenzustellen sind.

Viele gleich- oder unterschiedlich große, in einer oder mehreren Farben gearbeitete Blumen – zu einem Strauß zusammengestellt – sind immer wieder etwas Besonderes. Und mit bunten Blättern an Stielen kann man eine weitere Bereicherung erzielen; sie lockern oder füllen ein Blumenarrangement auf.

Aus dem folgenden Material können die Phantasieblumen gearbeitet werden: Papiertaschentücher, Papierservietten, Kosmetiktücher, Filz, Stoff, Seide, Spitze, farbige Federn, leere Konservendosen, getrocknete Kerne aus dem Wald, kleine Styroporformen (Verpakkungsmaterial), ausgebrannte Glühbirnen, Tauchlack und Formmasse (beides im Bastelgeschäft oder Warenhaus erhältlich).

Bei einzelnen Blumenvorschlägen werden für die Blattformen Drahtschlingen gearbeitet. Je nach Größe formt man sie aus Silber- oder Messingdraht. Die Stiele sind wiederum je nach Größe der Blume, aus Schweißdraht, überzogenem Blumendraht, Messing- oder Silberdraht. Die verschiedenen Staubgefäße und Drähte erhält man in Bastelgeschäften und Warenhäusern.

Zur Montage werden festes Garn und Nadeln, Kreppband, Floristenband und Klebstoff benötigt.

Das Handwerkszeug besteht aus einer Schere, einer Zickzack-Schere, einer kleinen Kneifzange und einer Rundspitzzange. Beim Thema »Blechblumen« kommen noch eine alte Schere, Hammer, Nagel und verschiedene Lackfarben hinzu.

Papierblumen

Papierblumen lassen sich schnell anfertigen und kosten nur wenig Geld. Man kann sie für viele Gelegenheiten zum Schmücken und Dekorieren verwenden.
Als Ausgangsmaterial verwendet man Papiertaschentücher, große und kleine Servietten oder Kosmetiktücher. Sie bestehen aus mehreren dünnen randgefestigten Zellstofflagen. Je zahlreicher diese Papierlagen sind, um so voller können die Blumen gearbeitet werden.
Als Hilfsmaterial wird Silber-, Messing-, Blumen- und Schweißdraht, gekaufte kleine und größere Staubgefäße, kleine Perlen, Floristenband und Garn benötigt.
Das Handwerkszeug sind Schere, Zickzack-Schere, Rundspitzzange und eine kleine Kneifzange.
Und so fertigt man eine Blume: Das ausgewählte Papiertuch wird auseinandergefaltet und mit der Hand glatt gestrichen. Eventuelle Falzränder, wie sie beispielsweise häufig bei Servietten anzutreffen sind, müssen weggeschnitten werden, damit sich die Papierlagen später leicht voneinander lösen; geschieht dies mit einer Zickzack-Schere, ergibt sich ein weiterer Effekt. Nun legt man das ganze Tuch in 1 cm breite Fächerfalten. Für eine Blume ohne Stiel wird das gefaltete Papier in der Mitte so fest wie möglich mit Garn abgebunden und die Enden verknotet (Zeichnung 1). Bei der Blume mit Stiel und einem dekorativen Mittelstück aus Staubgefäßen, Blütenstempel oder aufgezogenen kleinen Perlen umwickelt man die Mitte mit 0,4–0,8 mm starkem Blumen- oder Silberdraht. Die Enden der Staubgefäße, Blütenstempel und des mit Perlen versehenen Drahtes werden zuvor am Blumenstieldraht angedreht (Zeichnung 2 und 3). Dann wird der

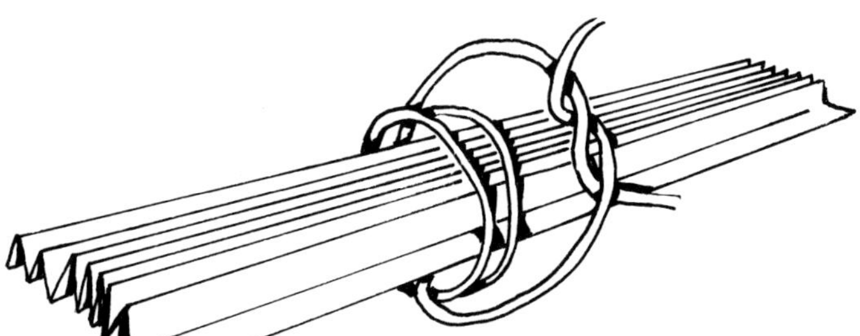

1

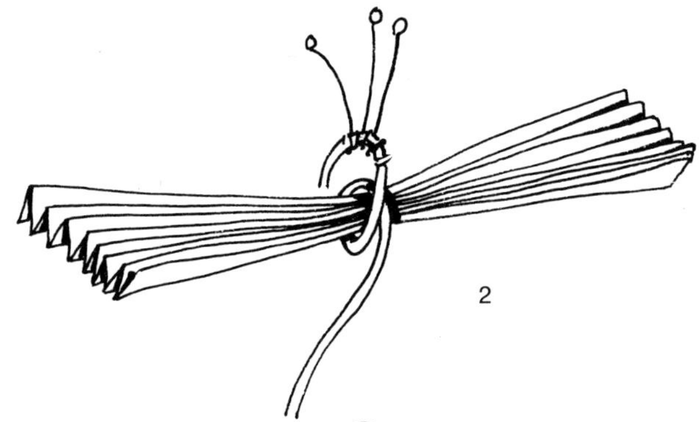

2

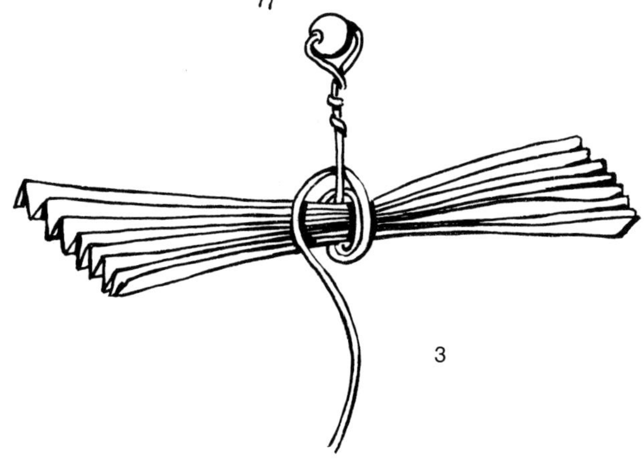

3

Knorr
Knorr
Knorr

Draht zweimal um den Mittelpunkt gewunden und als Stiel nach unten geführt.
Als nächstes klappt man die beiden gefalteten Seiten nach oben und bindet sie mit einem festen Faden oder dünnen Draht oberhalb der Mitte zusammen (Zeichnung 4). Mit grünem Kreppband wird nun zuerst der untere Teil der Blüte und dann weitergehend der Drahtstiel kaschiert (Zeichnung 5).

4

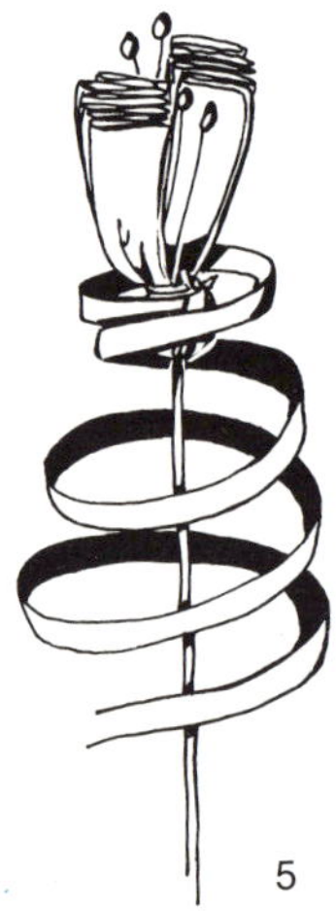

5

Jetzt kann das Papier zur Blume entfaltet werden. Man zieht vom Rand vorsichtig nach innen die einzelnen Papierlagen bis kurz vor der Mitte auseinander (Zeichnung 6).

6

Verschiedenfarbige kurzstielige Blumen

Kurzstielige Blumen werden zu einer bunten Halbkugel in einem mit Sand oder Steinen beschwerten Topf arrangiert. In der blütenarmen Zeit bildet diese Dekoration zwischen den grünen Blattpflanzen am Fenster den farbigen Blickfang.
Der Biedermeierstrauß als passendes Geschenk zum Kindergeburtstag wird geometrisch angeordnet und erhält die typische Manschette. Aus Papier und Filz schneidet man einen entsprechend großen Kreis und stanzt in der Mitte ein eben ausreichendes Loch, um das Stielbündel durchstecken zu können.
Zum Fasching und zur Sommerparty näht man sich eine, vielleicht auch mehrere Blumen auf den Hut oder legt sie als Halsschmuck an. Ein ganzes Spankörbchen voll gebauscht mit großen und kleinen Papierblumen oder einzeln verstreute Blüten auf dem gedeckten Kaffeetisch sind weitere der vielen Möglichkeiten, mit diesen Phantasieblumen Mittelpunkte oder Akzente zu schaffen.

Mehrfarbige größere Blumen

Diese wirken am besten in einer Bodenvase. Dekorativ beleben sie dunkle Treppen, unausgefüllte Zimmerwinkel oder den Windfang hinter der Haustür. Aus verschieden großen Papiertüchern werden sie gefaltet.
Auf der größten Serviette breitet man die immer kleineren und jeweils andersfarbigen Tücher aus (Bitte nicht vergessen, den festen Rand abzuschneiden). Das Ganze wird in 2 cm breite Fächerfalten zusammengelegt (Zeichnung 7).

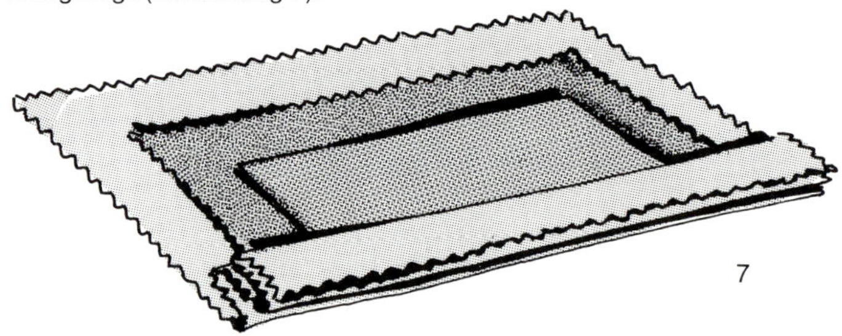

7

Lange Blumen brauchen einen haltgebenden Stiel. Dazu nimmt man einen 50 cm langen Schweißdraht. Er wird kurz vor dem Ende mit den ausgewählten Staubgefäßen oder dem mit Perlen aufgereihten Draht als Blütenkelch verdrillt.
Nun biegt man ihn wieder zweimal um die Mitte des gefalteten Papiers und führt das verbleibende Stück als Stiel nach unten (Zeichnung 8).

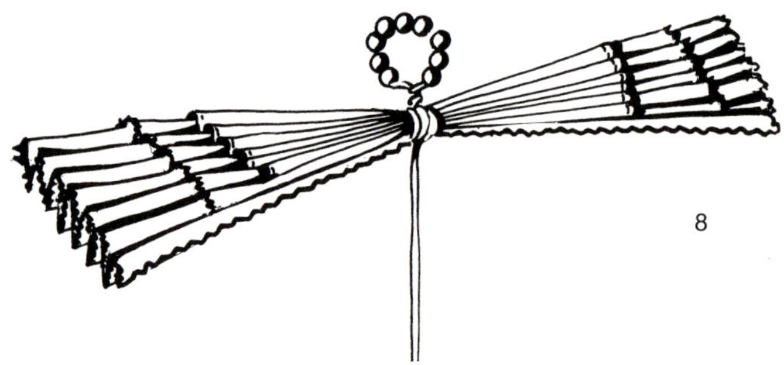

8

Die beiden hochgeklappten Papierfaltenseiten werden ebenfalls mit Garn zusammengebunden und die Arbeitstechnik mit Kreppklebeband verdeckt.
Besondere Vorsicht ist hier beim Entfalten der Blüte geboten, da die einzelnen Papierlagen sehr dicht beieinander sind.

Bunte Blütenkränze und Girlanden

Blütenkränze und Girlanden werden aus vielen einzelnen Blumen fast endlos gestaltet. Als Kopfschmuck für die Kinderkönigin, zur Verschönerung eines Gegenstandes oder als Dekoration für ein lustiges Gartenfest sind sie bei großen und kleinen Leuten immer beliebt. Aus Schweißdraht formt man einen Ring mit einem Durchmesser von ungefähr 16–20 cm. Für jede Blume wird eine kleine Papierserviette mit abgeschnittenem Rand auseinandergefaltet und wie ein Fächer zusammengelegt. Das gefaltete Stück klappt man nun mit der Mitte von unten nach oben um den Draht, umwickelt mit festem Garn kurz über dem Ring und verknotet wieder die Enden. Dann werden die einzelnen Papierlagen zu einer Blüte auseinandergezogen. So reiht man die Blumen in verschiedenen Farben dicht nebeneinander (Zeichnung 9).

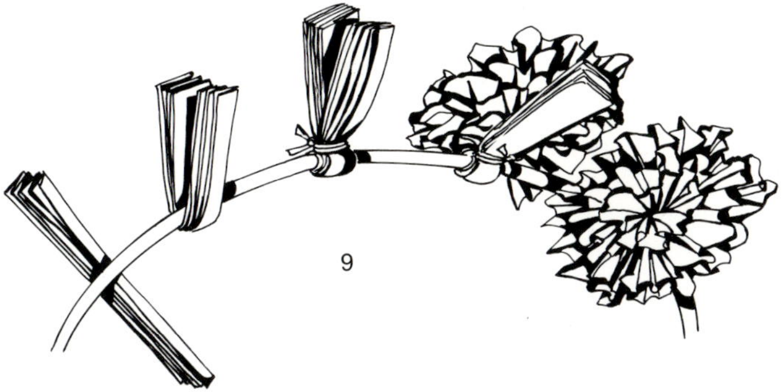

9

In gleicher Arbeitsweise lassen sich lange bunte Girlanden arbeiten. Bezogener Gärtnerdraht wird in der gewünschten Länge zugeschnitten. Die einzelnen Blumen bindet man hier jedoch nicht ganz so dicht wie bei einem Blütenkranz.

Asymmetrische Blumen am Zweig

Asymmetrische Blumen entstehen, wenn man die Ansatzstelle des mit Staubgefäßen und Blütenstempeln versehenen Stieldrahtes seitlich verlegt (Zeichnung 10). Ein Zweig kann drei bis acht Blüten haben.

11

10

Man beginnt mit einer Blume, die an einen etwa 50 cm langen Schweißdraht gearbeitet ist. An diesen Stiel werden dann die anderen Blüten mit einem etwa 25 cm langen Stiel montiert. Ungefähr 10–15 cm hinter der ersten Blume wird das Stielende der zweiten um den Draht geschlungen und mit der Rundspitzzange fest angedrückt. Versetzt mit etwas Abstand folgt dann die nächste fertige Blume. So arbeitet man weiter, bis es ein Zweig voller hübscher Blumen geworden ist (Zeichnung 11). Setzt man zwischen die farbigen Blüten grüne als Blätter, wirkt er wie ein richtiger Blumen-Blätter-Zweig.
Zum Abschluß kann man sämtliche Ansatzstellen und die Stiele mit grünem oder braunem Kreppklebeband umwickeln.
Aus der Fülle der selbstgeschaffenen Kreationen sollte man nun die schönsten und gelungensten Prachtblumen heraussuchen und sie durch eine originelle Anordnung – beispielsweise die Montage an einen exotischen bizarren Zweig – zum Blickfang machen.

Stoffblumen

Blumen aus Stoff sind besonders gefällig und dekorativ in der Form. Das Material kann Futtertaft, Seiden-, Perlon- oder Spitzenstoff und Filz sein. Es ist schmiegsam, läßt sich falten, raffen, schräg oder doppelt zusammenlegen sowie nähen und kleben.
Als Blumenstiel wird, je nach Größe der Blume, Schweiß-, Blumen- oder Silberdraht verwandt. Für die Blütenmittelpunkte kommen Glas- oder Holzperlen, kleine Garnquaste, gedrehte Folienbänder und ähnliches in Frage. Neben Schere, Zickzack-Schere, Nadel und Faden benötigt man noch Klebstoff und Kreppklebeband.

Gedrehte Stoffblumen

Gedrehte Stoffblumen ähneln sehr den eleganten Rosen. Sie können groß oder klein, knospig oder als vollerblühte Rosette gearbeitet werden.

Und so wird es gemacht: Zunächst schneidet man den Draht in der gewünschten Stiellänge zu, formt ein Ende zu einer Schlinge und befestigt hierin den ausgewählten Kelchschmuck (Zeichnung 12). Für eine halbgroße Blume mit 30 cm langem Stiel wird aus einem Stoff ein 25–35 cm langer und 8 cm breiter Streifen geschnitten. Man legt ihn einmal in der Länge zusammen und schneidet 2 cm vor dem Ende ein kleines Loch in den Stoffbruch. Hier steckt man den Stiel von oben nach unten bis zum Kelch ein. Die Stoffecke wird schräg umgelegt und mit doppeltem Faden durch die Drahtschlaufe angenäht (Zeichnung 13).
Um diese Blumenmitte windet man den Stoff einmal tütenartig, rafft ihn nach unten etwas zusammen und näht mit einigen Stichen fest. So folgen die zweite und alle weiteren Runden je nach Gestaltungsabsicht eng anliegend oder locker aufspringend (Zeichnung 14).

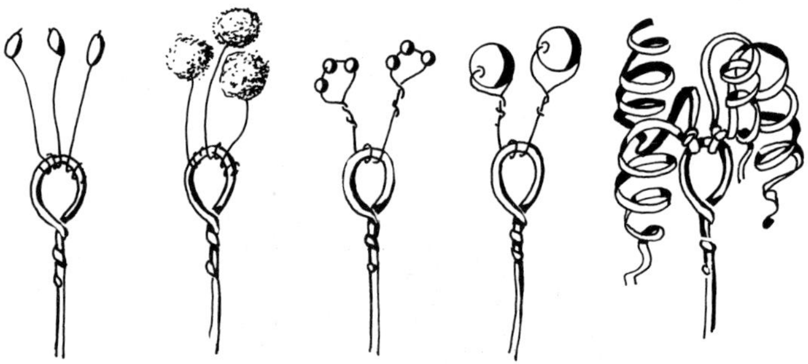

12

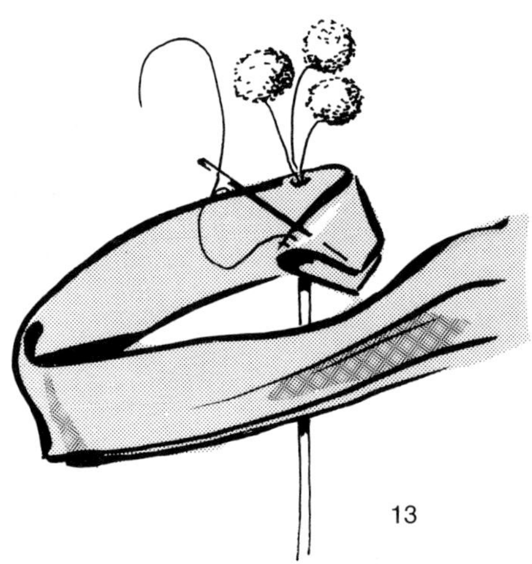

13

14

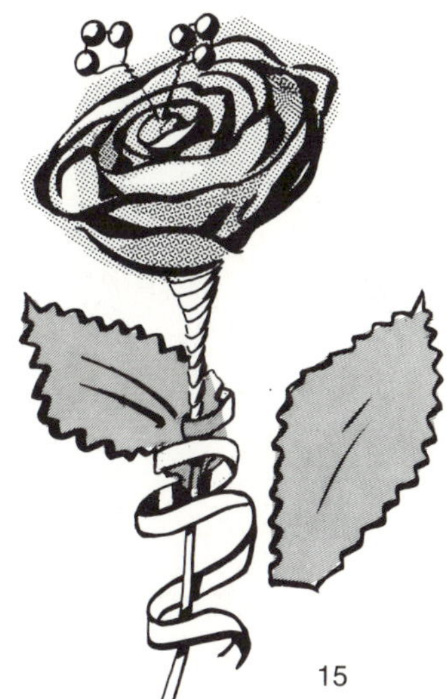

15

Das Stoffende schlägt man nach innen ein und näht es an. Da Knospen teilweise noch von Blütenblättern umgeben sind, fertigt man diese aus einem halbkreisförmig zugeschnittenen Stück Stoff und befestigt ihn entsprechend unterhalb der Blüte.
Mit Kreppklebeband wird der untere Teil der Blume und dann weiter der Stiel in Schräglage umwickelt, dabei werden die aus Filz oder anderen festen Stoffen zugeschnittenen Blätter gleich mit eingearbeitet (Zeichnung 15).

Blumen mit eingeschnittenem Rand

Diese Blumen erhalten durch ihren Rand eine sehr natürliche Blütenform. Sie ähneln den vielfarbigen Herbstastern, Chrysanthemen und Gerbera. Man arbeitet sie aus den im Bastelgeschäft oder Warenhaus angebotenen 30 x 30 cm großen Filzplatten.
Für eine halblange Blume wird ein 20 cm langer Streifen auf 4 cm Breite zugeschnitten. An einer Längsseite schneidet man nun in Abständen von 1/2 – 1 cm immer wieder bis auf 1 cm zur unteren Kante (Zeichnung 16 a).
Um einen vorbereiteten Stiel mit Staubgefäßen – oder etwas Ähnlichem als Mittelpunkt – legt man ein Ende des Filzstreifens und näht dies mit einigen Stichen fest an. Der Streifen wird weiter in der Runde umwickelt und jedesmal angenäht.
Eine Blume ist schon fertig, und man kann mit der nächsten beginnen.
Für größere Blumen werden zwei Streifen von 30 cm Länge und 10 cm Breite zugeschnitten. Als Variation kann man eine Blume auch in zwei Farben arbeiten.
Faltet man einen etwa 20 cm langen und 16 cm breiten Streifen einmal in der Länge zusammen und schneidet auch hier von der Bruchkante her dicht nebeneinander ein, entstehen Stoffschlaufen (Zeichnung 16 b). Werden diese um einen Stiel mit Blütenkelch gelegt und genäht (Zeichnung 17), entsteht eine sehr volle Blume.

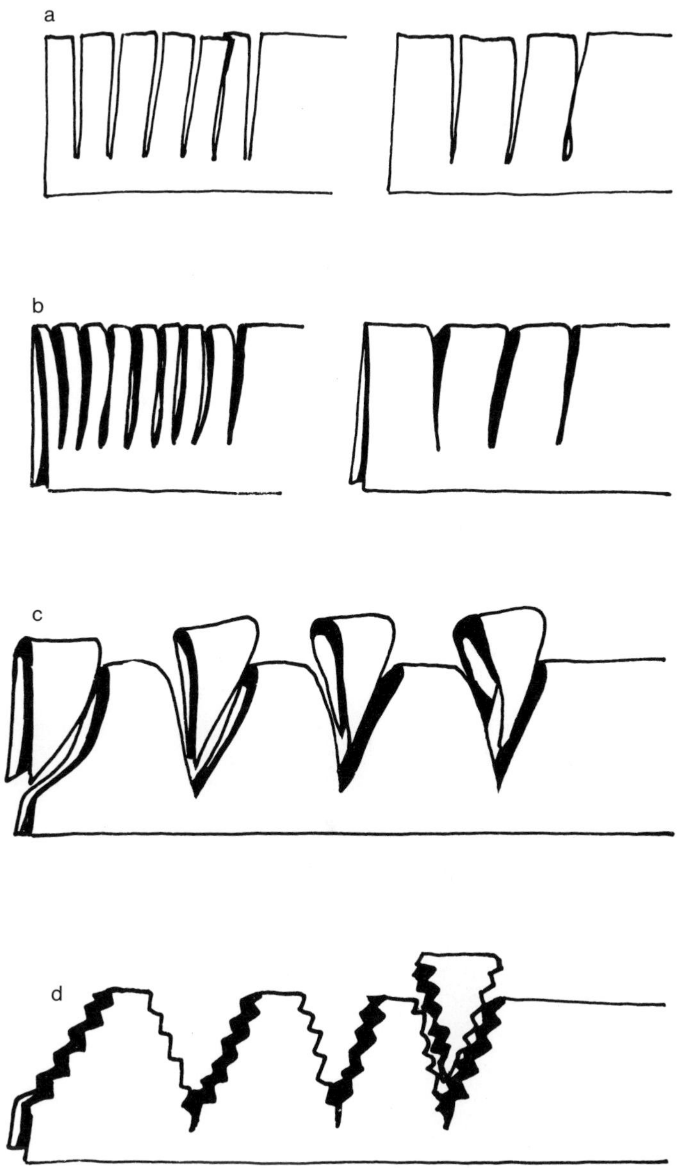

16

Schneidet man die in der Länge zusammengelegten Stoff- oder Filzstreifen bis auf die 1 cm breite Kante dreieckig aus, erhält man Doppelblätter (Zeichnung 16c). Es kann auch mit der Zickzack-Schere gearbeitet werden (Zeichnung 16d).

Doppelt genommene, schmale, einfarbige, geblümte oder karierte Stoff-, Taft-, Seiden- oder Leinenstreifen lassen sich je nach Wunsch immer wieder anders einseitig einschneiden und zu dekorativen Blumen gestalten.

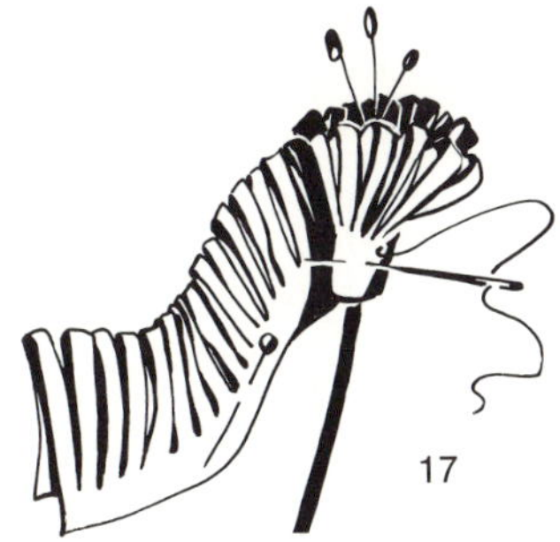

17

Kleine Ansteckbuketts

Ansteckstäußchen können farblich passend zum Kleid oder Kostüm aus Stoffstreifen gewickelt oder aus Filz getüllt werden.
Ein 10–15 cm langer und 5 cm breiter, in Längsrichtung gefalteter Webstoffstreifen wird Runde für Runde an einen 10 cm langen, mit Kelchschmuck versehenen Drahtstiel genäht. Zierliche Blätter setzt man möglichst nahe den Blüten an und festigt sie gleichzeitig mit dem Kaschieren der Ansatzstellen und Stiele. Je kleiner die Blumen gearbeitet sind, um so mehr kann man zu einem dekorativen Sträußchen zusammenfassen. Das Stielbündel wird mit Kreppklebeband umwickelt und eine Schleifennadel zum Anstecken angenäht.
Verschiedenfarbige, 20 x 30 cm große Filzstücke bekommt man in jedem Bastelgeschäft. Zunächst werden mehrere Kreise mit jeweils 6 cm Durchmesser direkt aufgezeichnet, mit der Zickzack-Schere ausgeschnitten und halbiert. Diese Halbkreise rollt man nun zu Tüten, bestreicht die geraden Schnittkanten mit Klebstoff und heftet sie so aufeinander. Während des Trocknens werden die Stiele hergerichtet. Auf 10 cm lange Silberdrähte zieht man jeweils ein oder zwei kleine Holzperlen und verwindet die Drahtenden kurz hinter den Perlen. Die Stiele werden jetzt von oben nach unten in die Filztüten gesteckt. Mit

Kreppklebeband umwickelt man die äußeren unteren Blütenkelche und die Stiele.
Für einen Strauß werden fünf bis zehn Filzblüten arrangiert und noch einmal mit Klebeband zusammengehalten. Die Schleifennadel setzt man versteckt hinter einem Blatt oder unterhalb der Blütenkuppel an.

Zarte Blumen aus Spitzenstoff

Zarte Spitzenstoffblumen bezaubern jeden Betrachter. Ihre filigrane Struktur läßt sie leicht zerbrechlich und kostbar erscheinen. Bestimmt findet man in der Flickentruhe oder in einem Stoffreste-Geschäft Stücke, die regulär nicht mehr zu verwerten sind.
Für eine Blüte schneidet man sechs bis zehn eingewebte Blüten-, Ranken- oder Blattmotive großflächig aus. Falls erforderlich, wird ihnen mit Sprühstärke und dem Bügeleisen vorsichtig wieder Halt gegeben. Nun näht man die einzelnen Teile, unten etwas eingehalten, ringsherum an den mit Kelchschmuck versehenen 25 cm langen Drahtstiel. Farbiges Kreppklebeband kaschiert, in Schräglage gewikkelt, die Ansatzstelle und den Draht (Zeichnung 18).

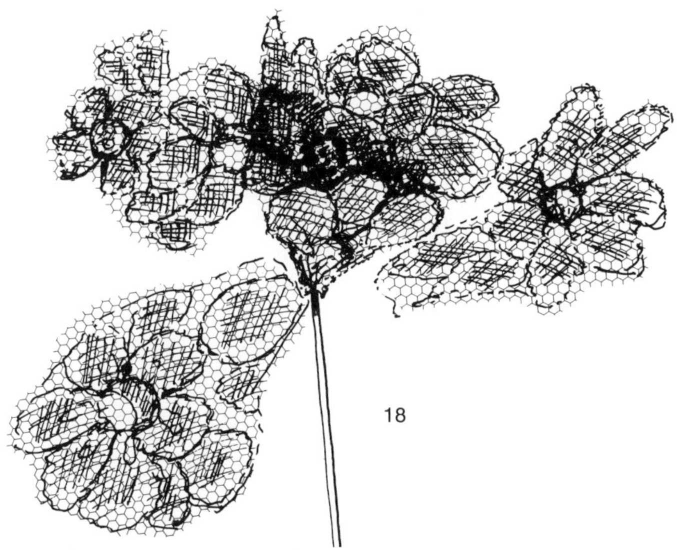

18

Federblumen

Blumen aus bunten Federn sind leicht und duftig in ihrer Wirkung. Bei etwas Luftstrom wiegen sich die feinen strahlenartigen Ästchen der Federfahnen, und es kommt Bewegung ins Spiel. Das verstärkt den besonderen Reiz dieser Phantasieblumen.

Das Grundmaterial sind bunte oder einfarbige Federn. Als Kombination und zur Untermalung eignen sich skelettierte Blätter. Ihnen wurde durch einen chemischen Prozeß das Blattgrün entzogen; übrig bleiben bei dieser gleichzeitigen Haltbarmachung die Rippen und feinen Verästelungen. Der Handel hält diese zarten Gebilde in verschiedenen Färbungen sortiert verpackt und für wenig Geld bereit. Für den Kelchschmuck benötigt man runde und längliche Perlchen; für die Stiele, je nach Länge, Schweiß-, Silber- oder Blumendraht; zum Kaschieren und Festigen Kreppklebeband und Haushaltskleber.
Des weiteren sollte man sich eine Schere, eine kleine Kneifzange und eine Rundspitzzange bereitlegen.

Federleichte Blumen

Federleichte Blumen bringen Leben und Fülle in einen Strauß, akzentuieren Lieblingsgegenstände oder bestimmen in entsprechender Komposition allein den Mittelpunkt einer Dekoration.
Und so werden sie gestaltet: Kleine runde oder längliche Perlen bilden wieder die Mitte einer Blüte. Sie werden in jetzt schon bekannter Weise aufgezogen und gefestigt. Die immer leicht gebogenen Federn kann man in ihrem Schwung noch verstärken, indem man sie in einem Sieb über Wasserdampf hält und anschließend zwischen Daumen und Mittelfinger in die gewünschte Form bringt. Ebenso lassen sich auch zerrissene Federfahnen wieder glatt zusammenfügen. Je nach beab-

sichtigter Blumenform macht man sich die Biegung zunutze. Für eine Knospe werden die Federn wie zu einem Kelch um den Stiel gruppiert, bei einer geöffneten Blüte wölben sie sich vom Zentrum weg. Will man üppige oder gefüllte Prachtexemplare erzielen, beginnt man mit kleineren Federn; drei oder vier werden mit ihren Kielen kurz unterhalb des Kelchschmucks nebeneinander an den Draht gelegt und mit Kreppband festgeklebt (Zeichnung 19). So folgen mit immer größer werdenden Federn die nächsten Runden, bis eine schön geformte Blüte entstanden ist. Die Stiele umwickelt man weiter bis zum Ende.

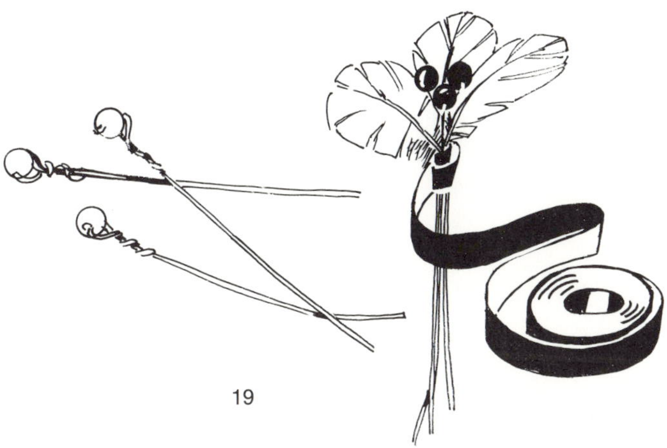

19

Weiße Federwolken am Zweig

Wolkenähnliche Federblüten werden aus sechs bis acht naturweißen Tauben-, Möwen- oder Bettfedern gearbeitet; die Mitte wird durch kleine farbige Federn betont.

Die erste Blüte erhält einen etwa 50 cm langen dünnen Schweißdraht. Jede weitere hat einen etwa 10 cm langen Stiel, der an einem Ende die auf Silberdraht gezogenen Perlen als Staubgefäße trägt. Nacheinander windet man nun das Stielende jeder Blume in Abständen versetzt untereinander an den Schweißdraht, mit der Rundspitzzange fest andrücken und die Ansatzstellen mit Kreppband verkleben. Als Blätter werden einzelne grüne Federn während des Umwickelns mit Kreppband an den Stielen befestigt (Zeichnung 20).

Einzeln vor einen neutralen Hintergrund gestellt, wirkt der Zweig dezent zurückhaltend. Auflockernd, fast spielerisch erscheint dagegen ein Arrangement mit farbenfrohen großen Federblumen und getrockneten Naturpflanzen, wie Disteln und Gräser.

20

Dekorative Schaublumen

Schaublumen sollen die Aufmerksamkeit gezielt lenken, deshalb werden sie sehr aufwendig gestaltet.
Man wählt einen starken, 50 cm langen Schweißdraht als Stiel, steckt eine Perle, ein Watte- oder Styroporbällchen und wieder eine Holzperle auf. Das Drahtende wird zu einer Schlaufe umgebogen und nach unten in die Kugel gedrückt, die zweite Perle wird an den Ball angeklebt. Mit einer dicken Stopfnadel sticht man für jede Feder ein Loch in den Styropor, gibt einen Tropfen Klebstoff hinein und steckt den Federkiel ein (Zeichnung 21). Ringsherum, neben- und übereinander werden die Ton-in-Ton abgestuften Federn zu einer prächtigen Blume arrangiert. Zur Untermalung und Vergrößerung kann man noch skelettierte Blätter zufügen und kleine ganze Blüten, die wie Knospen von unten hochwachsen.
Der Stiel und die untere Holzperle werden bis zum Federansatz mit Kreppklebeband umwickelt.

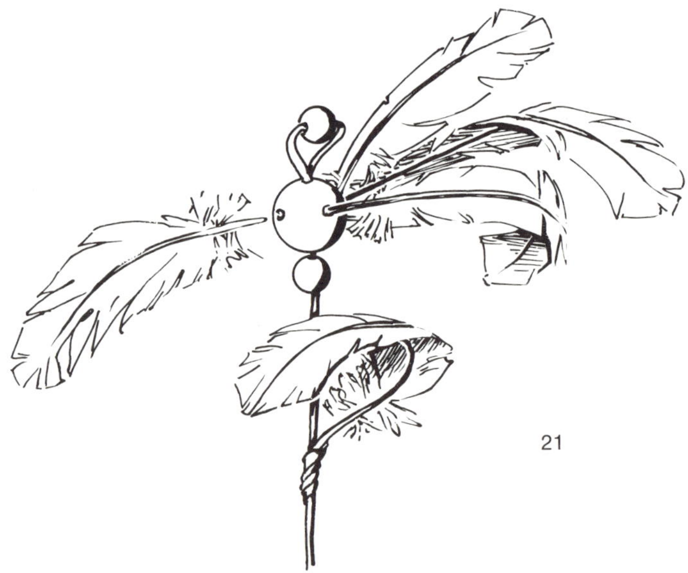

21

Modische Federaccessoires

Accessoires aus Federn sind nicht erstmalig Kreationen dieser Saison. Ein Blick in die Kulturgeschichte zeigt, daß Federn zu allen Zeiten und von fast allen Völkern als begehrenswerte Habe geschätzt wurden. Sie fanden Verwendung bei kultischen Anlässen, als Schmuckobjekte, als Putz von Hut und Haar, als Besatz an Kleidern und in der Antike sogar als Attribut sozialer Stellung. In manchen Ländern werden sie als Zahlungsmittel benutzt.

Die bauschigen Ansteckblumen werden aus farbigen kurzen Federn gearbeitet. Für den Mittelpunkt schneidet man drei bis vier, etwa 8 cm lange Drahtstücke zu. Je eine Perle wird an einem Ende befestigt.

Jetzt legt man zwei bis drei Federn um die zusammengenommenen Stiele kurz hinter den Perlen mit der Biegung nach außen an und klebt sie mit Kreppband fest. Nun nacheinander in der Runde immer wieder einige Federn anlegen und mit Klebband festhalten, bis eine schön geformte Blume entstanden ist. Die Stiele werden dann bis zum Ende mit dem Band weiter umwickelt. Zum Anstecken näht man eine Schleifennadel an.

Die reizvollen Anhänger sind alle in eigener Werkstatt entworfen und handgearbeitet worden. Aus geschmeidiger Formmasse knetet man kleine Schnecken, Muscheln, Röhren oder runde Kugeln. Mit einer Stopfnadel oder einem dünnen Hölzchen wird nun durch jedes Stück vorsichtig ein Loch gestochen.

Je nachdem, ob die geformte Substanz gebrannt oder einige Tage getrocknet werden muß, malt man sie vorher oder nachher farbig an – eventuell passend zur Kleidung – und überzieht sie anschließend mit farblosem Lack.

Eine oder mehrere verschiedene Formen werden nun auf das Halsband oder die Kette gezogen. Bunte kleine Federn, deren Kielenden zuvor in Klebstoff getaucht werden, steckt man ganz nach Belieben unten oder seitlich in die jeweiligen Öffnungen der geformten kleinen Gebilde ein.

Federblumen hinter Glas

Eine weitere Variante zum Thema Phantasieblumen ist, Wandbilder aus Federblumen entstehen zu lassen. Die Motive werden je nach Hintergrundmaterial aufgenäht oder -geklebt.

Auf einen 3 cm dicken und 30 x 30 cm großen Styropor- oder Pappblock wird eine farbige selbsthaftende Samtfolie gezogen. Für eine

dunkle Fläche wählt man helle Federn. Nachdem die Gestaltung entworfen und vielleicht eine grobe Skizze gefertigt ist, beginnt man mit der ersten Blume. In einen auf den Untergrund gegebenen Tropfen schnelltrocknenden Klebstoff wird das Kielende einer Feder gelegt und fest angedrückt, bis es haftet. So folgen nacheinander in Kreisform flach aufgelegt die einzelnen Federn. In die Mitte klebt man kleine bunte, um sie zu betonen und um die Ansatzstelle zu verdekken. Jetzt fehlen noch die Stiele; dazu bricht man die Blüten- oder Fruchtstände von getrockneten Gräsern ab und klebt die verbleibenden Stengel und Rispen mit in das Bild.

Im zweiten Beispiel glänzt seidig weißer Satin als Untergrund. Fünf versetzte Blumen aus verschiedenfarbigen Federn bilden hier das Motiv. Mit kleinen unsichtbaren Stichen werden die einzelnen Federn an ihren Kielen auf den Stoff genäht. Den Blütenkelch schmücken aufgestickte Glasperlen und Pailletten, die Stiele werden aus glitzernden Perlenschnüren gelegt.

Nach der Fertigstellung spannt man den Satinstoff über eine entsprechend große Platte und heftet ihn auf der Rückseite mit kleinen Flachkopfnägeln. Das Ganze wird in einen Rahmen mit 1 cm Abstand zwischen Glas und Motiv montiert.

Drahtstrumpfblumen

Duftige Blumen aus feinen Strumpfgeweben erfreuen jedes Auge. Sie lassen sich in zahlreichen Variationen fertigen und sind immer passend. Am Hut, im Haar oder am Kleid werden sie als modisches Accessoire getragen. Viele Blüten zum Kranz gewunden, schmücken die festliche Tafel oder die Wand. Einzeln an einen getrockneten Zweig gearbeitet oder zu einem bunten Strauß zusammengestellt, ergeben den immerblühenden Vasenschmuck. Statt zu einer Blume lassen sich die einzelnen Blätter auch zu einem Fächer oder einem großen Blattzweig arrangieren.

Als Material besorgt man sich ausgediente oder neue verschiedenfarbige Perlonstrumpflängen aus Sonderangeboten, die mit Textilfarben noch beliebig eingefärbt werden können. Es gibt aber auch fertige Bastelpackungen zu kaufen.

Je nach Größe der gewünschten Blütenblätter wird dünner Silber- oder Blumendraht in den Stärken von 0,4–1 mm benötigt, für die Stiele Schweißdraht und getrocknete Zweige. Eine kleine Auswahl unterschiedlicher Staubgefäße kann man vorab selbst basteln. Dann werden noch Perlen, Floristenband in Braun und Grün, Zwirn, feiner Draht oder festes Garn verwendet.

Als Handwerkszeug liegen eine Schere, eine Kneifzange und eine Rundspitzzange bereit.

Zarte Blüten

Diese zarten Blütenrosetten werden aus einzeln gefertigten Blättern zusammengestellt; keine gleicht der anderen. In einer kleinen Schale oder einem Körbchen ansprechend dekoriert, wirken sie wie die Vorboten des Frühlings.

Und so werden sie gearbeitet: Für ein Blatt schneidet man einen 20–30 cm langen Silberdraht und legt ihn zu einer Schlaufe. Die beiden Enden werden entweder mit der Hand oder auch mit Hilfe einer Rundspitzzange verdrillt. Die Blattform und -größe wird durch die Schlaufe bestimmt, sie kann ganz verschieden in Ei-, Kreis-, Herz- oder Ellipsenform gebogen werden (Zeichnung 22).

Jetzt wird die Drahtschlinge mit dem Strumpfgewebe bezogen; das Material schneidet man doppelt so groß wie die Blattform zu und stülpt es von oben nach unten über die ganze Form. Mit Daumen und Zeigefinger der linken Hand wird es knapp unterhalb der Schlinge festgehalten (Zeichnung 23).

Beim Überziehen des Gewebes sollte man darauf achten, daß es nicht zu stramm gezogen wird, da sich das Blatt sonst leicht verformen oder verkleinern kann.

Hinter der Drahtschlinge, oberhalb der haltenden Finger, wird nun mit Zwirn, doppeltem Garn oder dünnem Bindedraht abgebunden und bis auf den Draht, der gut mehrmals umwickelt wird, verknotet (Zeichnung 24).

Unterhalb der Umwickelung schneidet man den überstehenden Stoff ab. Je nachdem in welcher Farbe das Blatt gearbeitet ist, wird der Stiel mit braunem oder grünem Floristenband – bei der Fadenbefestigung beginnend – nach unten schräg weiterlaufend umwunden, um die Stiele nicht zu dick werden zu lassen (Zeichnung 25).

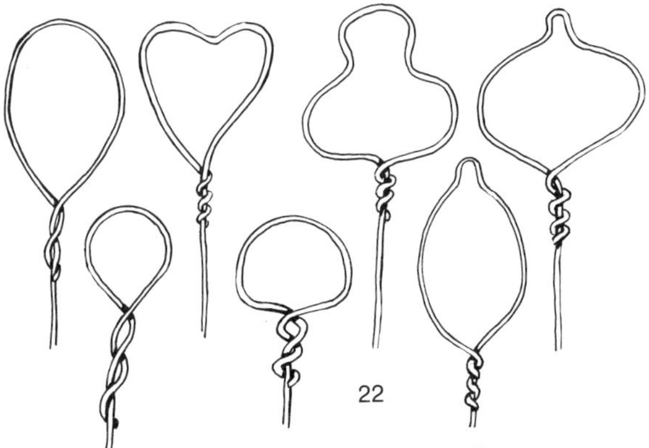

22

23

24

25

Kleine Blumen können schon aus drei bis fünf Blättern in einer oder auch mehreren Farben zusammengestellt werden. Die als Mitte bestimmten Staubgefäße werden gebündelt und mit Floristenband umwickelt. Nacheinander legt man nun die Stiele kurz hinter der Blattform an die Mitte an und kaschiert sie wieder mit Band. Soll die Blume auch ein oder zwei grüne Blätter erhalten, arbeitet man sie unterhalb der Blüte mit an den Stiel (Zeichnung 26). Zum Abschluß werden die einzelnen Blütenblätter leicht nach innen oder außen zu einer gefälligen Form gebogen.
Daß keine Blume wie die andere wird, ergibt sich schon dadurch, daß die Drahtschlinge mal etwas größer oder kleiner unwillkürlich durch den Stoff zusammengezogen wird. Auch durch die Formgebung der Schlinge verändern sich die Blumen. Nimmt man verschieden große Blätter oder unterschiedlich aufeinander abgestimmte Farben, entstehen immer wieder neue Variationen.

26

Geschmackvolles Zubehör

Geschmackvolles Zubehör betont den Schick der Kleidung und unterstreicht die persönliche Note. Ob eine Ansteckblume nun farblich auf die Garderobe oder die Haarfarbe abgestimmt oder bewußt in einer Kontrastfarbe getragen wird, so kann sie doch immer Blickpunkt, lustiger Farbfleck oder einfach der kleine Pfiff sein.
Die Farben der Strumpflängen gehen von Weiß über Sand bis zum dunklen Braun und Schwarz. Für leuchtende Blüten in kräftigen Farben wird das Material vor dem Verarbeiten entfärbt und dann in dem gewünschten Ton, wie Rot, Blau oder Grün neu eingefärbt. Textilfarben und Entfärber sind in Bastelgeschäften erhältlich; ausführliche Gebrauchsanweisungen liegen bei.
Die Buketts werden entweder aus mehreren ganzen Blütchen gebunden oder aus unterschiedlich geformten Blättern zu einer großen Blume arrangiert. Zum Anstecken näht man an etwas versteckter Stelle eine kleine Schleifennadel an oder festigt sie mit Drahtschlingen an Haarspangen und Hut.

Der Blickfang

Dies ist eine ausgefallene Idee und sehr dekorativ. Ein asymmetrisches Bildmotiv wird auf einen Pappkarton oder Styroporblock arrangiert.

Zuerst arbeitet man 14 kleine Blätter an etwa 15 cm langen Stielen. Je zwei Blätter werden mit ihren Stielenden 2 cm nebeneinander gelegt und hier mit Klebeband fest verbunden. Nun bildet man aus zwei Stielen ein Kreuz und festigt den Schnittpunkt mit Klebestreifen (Zeichnung 27). Es folgen in Kreisform die anderen fünf Stiele darauf, jedesmal wird sorgfältig verklebt. Zum Schluß montiert man auf die Mitte ein ganz großes und zwei kleine Blätter, die ebenfalls mit Klebeband festgehalten werden.

Dieses stilisierte Blumenobjekt wird mit dünnen Drahtkrampen auf den zuvor zugeschnittenen und entsprechend gestrichenen Styroporblock geheftet. Auf der Rückseite bringt man einen Aufhänger an.

27

Ein Blütenkranz

Ein Kranz aus Blüten kann als Wandschmuck oder bei festlichen Gelegenheiten, um eine Kerze gelegt, sehr hübsch aussehen. Und schlichtes Porzellan erscheint mit diesem Schmuck noch kostbarer. Die Form gibt ein Draht- oder Peddigrohrring. Man kann ihn leicht selbst herstellen. Die zuvor gefertigten Blüten aus drei bis fünf Blättern werden ringsherum mit Floristenband befestigt. Dazwischen setzt man immer wieder kleine grüne Blätter. Sollten unten am Ring noch vereinzelt Drahtenden hervorstehen, die schnell Kratzspuren auf Möbeln hinterlassen können, so klebt man einen schmalen Streifen Dekofilz auf.

Große langstielige Blumen

Große Blumen mit langen Stielen stehen sehr dekorativ in einer Bodenvase, und die Blütenpracht nimmt nie ein Ende.

Hier verwendet man für die Schlinge 1,0 mm starken Silberdraht. Ein 50 cm langes Stück wird etwa zu einem Drittel in eine blattähnliche Form gebogen; das kürzere Ende verdrillt man, das längere bildet den Stiel. Das Strumpfgewebe wird nun überzogen, mit den Fingern der linken Hand etwas gespannt und abgebunden. Den überstehenden Stoff schneidet man wieder ab und umwickelt den Stiel bis unten mit Floristenband.
Eine große Blume sollte aus mindestens zehn einzelnen verschieden großen und farbigen Blättern gearbeitet werden. Man beginnt mit den kleineren in der Mitte. Nach und nach werden in der Runde die größeren angelegt und zwar ungefähr 2 cm hinter der Schlinge (Zeichnung 28). So hat man die Gewähr, daß die Blume nach außen breiter und höher wird und sich mit leichter Hand formen läßt. Nun werden alle zusammengenommenen Stiele bis zum Ende mit Floristenband umwickelt.
Zusätzlich kann man einen Zweig mit drei kleinen grünen Blättern anfertigen. Er wird so an dem Blumenstiel angebunden, daß sich eine gefällige Form ergibt.

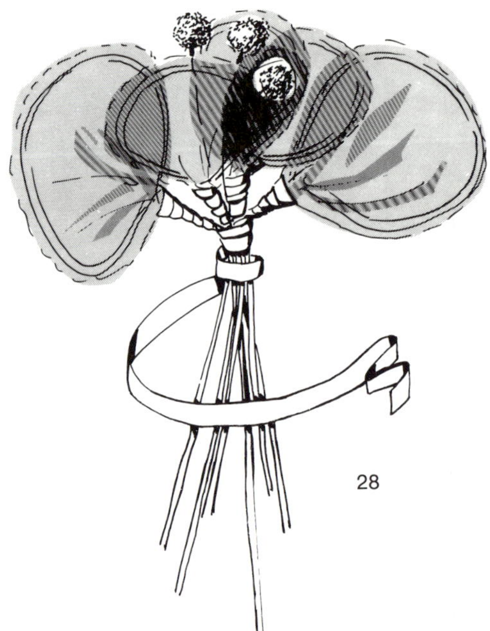

28

Phantasiezweige

Phantasiezweige und Schmetterlinge beleben einen Strauß oder ein Gesteck recht wirkungsvoll. Manchmal bilden sie den Farbtupfer, der gerade noch fehlte, oder sie geben dem Arrangement mehr Fülle.
Im Garten oder Wald sucht man sich einen stark verästelten Zweig und hängt ihn einige Tage zum Trocknen auf.
Während dieser Zeit kann man sich schon kleine Blatt- und Blütenformen ausdenken und sie fertigen. Dann werden die jeweiligen Stiele nacheinander und versetzt an den Zweig angelegt und mit Floristenband festgebunden. Bei dieser Arbeit muß man etwas vorsichtig vorgehen, da trockene Pflanzenteile spröde sind und leicht brechen. Am besten werden die Bänder vorher auf 3–4 cm Länge zugeschnitten.
Schmetterlinge und Libellen sind einfach zu arbeiten. Die verschiedenen Flügelteile aus überspanntem Silberdraht werden beidseitig an ein Stück Schweißdraht gelegt und mit Bast angebunden. Um dem Körper eine natürliche Form zu geben, wickelt man an den entsprechenden Stellen den Faden mehrfach übereinander. Zum Schluß werden noch kleine schillernde Pailletten als Augen und an die Fühler geklebt.

Fächerblumen

Blumen als Fächer arrangiert sind etwas Besonderes und als Blumenschmuck außergewöhnlich. Deshalb ziehen sie die Aufmerksamkeit sofort auf sich.
In den Farben abgestimmt wurden hier 23 einzelne mittelgroße Blätter mit etwa 20 cm langen Stielen gearbeitet. Unterhalb der Schlinge sind die verdrillten Stellen mit Perlgarn dicht umwickelt. Nacheinander ordnet man nun die Blätter in der linken Hand fächerartig an und bindet die Stiele mit Floristenband zusammen.

Die zweite Fächerblume stellt man aus einer großen runden Blattform und drei abgestuft kleineren her. Auch hier werden die Ansatzstellen mit Garn kaschiert. Bei dem zusammengehaltenen Fächer biegt man einen etwas längeren Stiel zur Schlaufe nach oben, an der er dann später an die Wand gehängt werden kann. Zum Schluß bindet man die Stiele wieder zusammen.

Tauchlackblumen

Tauchlackblumen sind transparent und von strahlender Leuchtkraft. Die Bezeichnung »Tauchlackblume« ist eigentlich falsch. Nicht die fertige Blume wird getaucht, sondern eine aus dünnem Silberdraht geformte Schlinge als einzelnes Blütenblatt. Der spezielle Lack spannt sich wie eine hauchdünne Folie über den Draht. Nach dem Trocknen werden dann die verschieden großen und kleinen Blätter zu einer Blume zusammengestellt. Langstielige arrangiert man als Strauß in der Bodenvase und kleinere steckt man als Accessoire an die Sommergarderobe; aber auch als Wandschmuck oder als durchsichtige Sonnenblume am Fenster können sie aufgehängt werden.
Als Material braucht man Silberdraht in der Stärke 0,4 mm und den Spezial-Tauchlack. Er wird in vielen Farben angeboten; für den Anfang sollte man sich vier Kontrastfarben und eine Dose Lackhärter besorgen. Die genaue Arbeitsanleitung ist auf jeder Dose angegeben. Als Handwerkszeug benötigt man eine Schere, eine kleine Zange, eine Rundspitzzange, Floristenband in Braun und Grün sowie einen Styropordeckel.

Die ersten Versuche

Sie sollten nicht gleich für eine große Prunkblume bestimmt sein. 15 bis 20 gleichlange Blätter in einer Schale oder einem kleinen Keramikvogel gesteckt, können ein hübsches Arrangement ergeben.
Und so werden die Blätter in drei Arbeitsgängen gefertigt: 1. Für jedes Blatt wird eine Schlinge aus Silberdraht geformt; als Stiel bleiben ungefähr 15 – 20 cm. Es ist praktisch, für den nächsten Arbeitsablauf gleich mehrere Drahtformen herzustellen, damit das Tauchen in den Lack flott weitergehen kann (Zeichnung 29).
2. Man stellt den Styropordeckel neben die geöffnete Tauchlackdose. Die Drahtschlinge wird ganz in den Lack getaucht, so daß er sie voll überziehen kann. Man nimmt sie senkrecht aus dem Lack heraus und läßt sie abtropfen. Wenn nötig, wird überflüssiger Lack am Dosenrand abgestreift. Zum Abhärten des Lacks steckt man den Stiel senkrecht in den Styropordeckel und achtet darauf, daß die einzelnen Blätter sich nicht berühren (Zeichnung 30).
3. Sollte doch noch an dem einen oder anderen Blatt überflüssiger Lack als Tropfen oder Faden herunterhängen, schneidet man ihn hinter dem Draht mit der Schere ab. Dann wird jedes Blatt in den farblosen Härter getaucht und zum Trocknen wieder in den Styropordeckel gestellt.

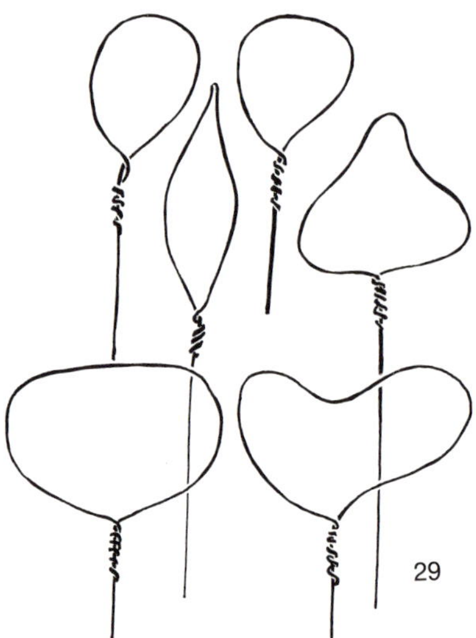

29

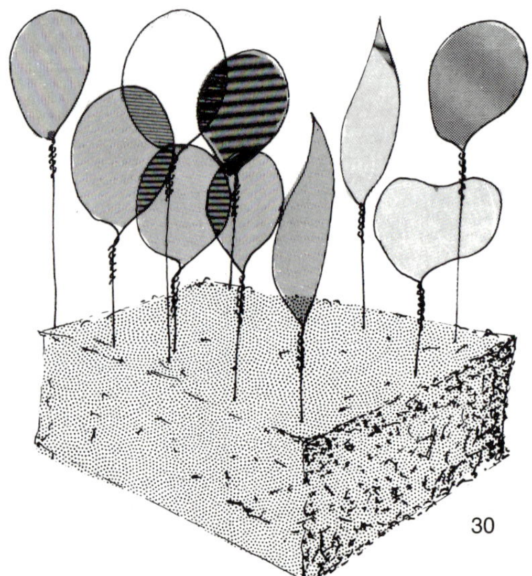

30

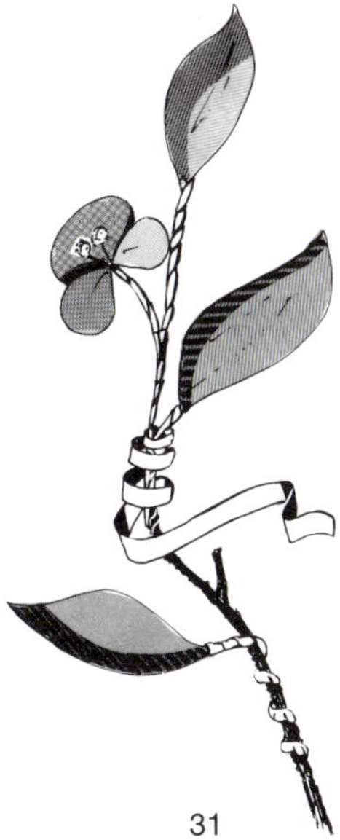

31

Wenn die Blätter nach einigen Stunden zur Weiterverarbeitung fertig sind, wird ein kleiner Würfel Floristensteckmasse in den Keramikbehälter gelegt und die Stiele eingearbeitet. Jetzt richtet man die Blätter noch etwas aus und schon ist das erste Blumenarrangement aus Tauchlack entstanden.

Tauchlackblätter an einem Zweig

Durchscheinende Blätter an einem Zweig beleben die blütenarme Winterzeit und erinnern an den vergangenen Sommer. Mehrere farbige Blätter werden versetzt an einem schön gewachsenen und getrockneten Zweig befestigt. Dazwischen kann man noch einige kleine Blüten anbringen.

Jedes Blatt wird mit seinem Drahtstiel um den Zweig gewickelt. Man arbeitet recht vorsichtig, da die einzelnen dünnen Äste spröde sind und leicht brechen können. Direkt hinter der Blattform beginnend, und weiter über die Ansatzstelle, wickelt man Floristenband als Abdeckung und zusätzlichen Halt (Zeichnung 31). Je nach Größe des Zweiges werden entsprechend viele Blätter angearbeitet.

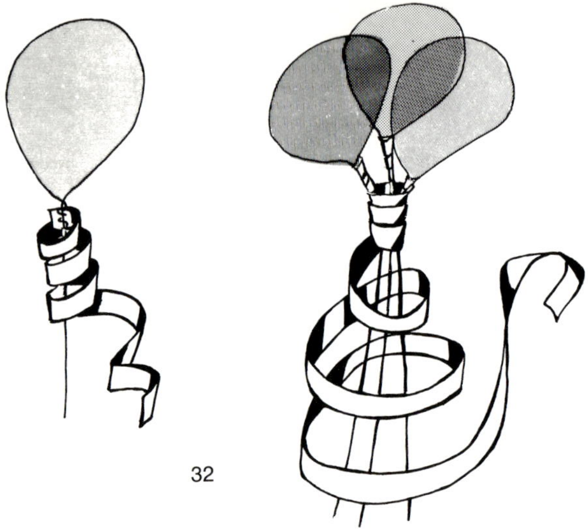

32

Die Blüten bestehen höchstens aus drei oder vier fast runden Blättchen. Als Staubgefäße zieht man winzige Perlen oder kleine Stoffkugeln auf Silberdraht. Um diesen Mittelpunkt werden die einzelnen Blätter in der Runde angeordnet. Zuvor hat man die Stiele direkt unterhalb der Schlingen etwa 2 cm abgewickelt (Zeichnung 32).

Ein farbiger Blätterkranz

Dieser bunte Blätterkranz ist ein dekorativer Wandschmuck für den Hausflur. Aus ungefähr 40 einzelnen Blättern wird er zusammengestellt.
Für die Basis legt man einen Endlosdraht mehrmals übereinander zu einem Ring von etwa 15 cm Durchmesser und umwickelt ihn mit dünnerem Draht.
Jedes Blatt wird, nachdem es trocken ist, direkt hinter der Form 2 cm mit Floristenband abgebunden. Dann windet man den Drahtstiel an den Ring. Anschließend wird wieder mit Floristenband kaschiert.

Kleinigkeiten

Blumige Kleinigkeiten sind schnell zwischendurch einmal gebastelt, vor allem wenn völlig unerwartet eine Einladung ins Haus flattert, und ein Geschenk oder eine kleine Aufmerksamkeit für die Gastgeberin besorgt werden muß.

Ungefähr zehn kleine Blumen werden zu einem bunten Strauß zusammengebunden. Zur Bereicherung kann man noch einzelne grüne Blätter dazwischen stecken. Blumen- und Blätterstiele werden anschließend mit Floristenband umwickelt. Sehr wirkungsvoll sieht auch ein Strauß in einer Papier-Biedermeiermanschette aus.

Einzelne Blüten oder Blätter kann man auch auf Glückwunsch-, Gruß- und Tischkarten kleben oder als Anhänger an Geschenkpäckchen verwenden.

Als modisches Accessoire werden mehrere Blätter zu einer Blume zusammengenommen. Hinter jeder Blattform umwickelt man den Stiel etwa 2 cm mit Floristenband; dann legt man die einzelnen Blätter in der Runde zu einer Blume und umwickelt alle Stiele mit Band. Eine kleine Schleifennadel, am Stiel angenäht, gibt die Möglichkeit, sie an der Kleidung zu befestigen.

Auf einem geflochtenen Bastfächer können einige halblange Blumen und Blattzweige dekorativ aufgenäht oder angebunden werden. Dieses Arrangement ergibt einen ausgefallenen Wandschmuck.

Große langstielige Blumen

Diese großen langstieligen Blumen einzeln mit einem Zweig kombiniert oder auch zu mehreren in einer Bodenvase arrangiert, erfreuen immer wieder als Blickfang. Wird eine Blume aus verschiedenfarbigen Blättern gestaltet, wirkt das Material besonders transparent, weil die Blätter zum Teil neben- und übereinanderliegen.
Für eine Blüte werden mindestens 15 Blätter benötigt, die unterschiedlich groß und in verschiedenen Farben gearbeitet sein können. Die Größe der Drahtschlaufen sollte aber nicht mehr als die Öffnung des Lacktopfes betragen, damit man sie gut eintauchen und wieder herausnehmen kann. Dann werden die Blätter zum Trocknen aufgestellt und später noch einmal in den Lackhärter gegeben.
Aus einem 0,8 – 1,0 mm starken Draht schneidet man einen 30 – 40 cm langen Blumenstiel. Das erste kleinere Mittelblatt wird mit seinem Drahtende um ihn herumgedreht. Anschließend wickelt man hinter der Blatform bis zum Stielende mit Floristenband ab (Zeichnung 33). Auch die Stiele der anderen Blätter werden erst umbunden, bevor man sie dann nacheinander und gut verteilt in der Runde anlegt (Zeichnung 34). Zum Schluß wird noch einmal von oben nach unten mit farblich passendem Floristenband umwickelt, dabei kann man einzelne grüne Blätter oder kleine Zweige etwas tiefer hinter der Blüte einarbeiten.

33

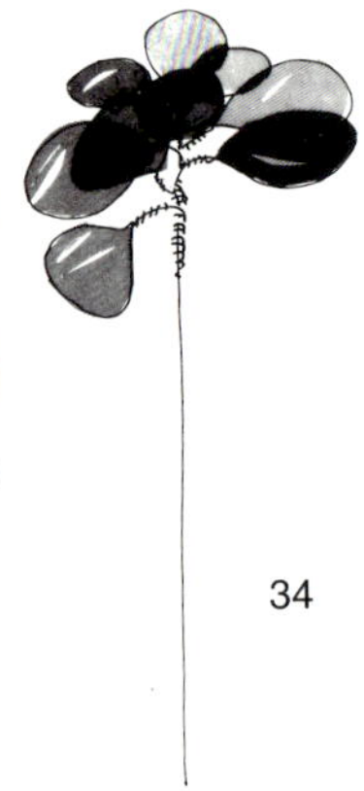
34

Transparente Sonnenblumen

Transparente Sonnenblumen sind der Clou dieser Technik. Am Fenster aufgehängt, glitzern und schimmern sie, wenn das Sonnenlicht einfällt.

Für diese aparte Blume werden zunächst zwei Blätter so gegenübergelegt, daß die Stielenden jedes Blattes sich 2 cm überschneiden. Hier bindet man sie mit Floristenband zusammen. Dann wird der ganze Stiel zwischen den beiden Blättern umwickelt (Zeichnung 35). In gleicher Weise fertigt man sechs Stiele von 20 cm Länge, sechs von 15 cm und drei von 10 cm.

Nun werden die Stiele kreisförmig aufeinandergelegt. Mit Perlgarn oder Twist bindet man die Mitte im Rundlauf fest, dabei wird der Faden abwechselnd über- und untergeführt (Zeichnung 36).

Abschließend werden die Blätter zueinander ausgerichtet und die fertige Blume an einem längeren Perlonband, das in der Mitte angeknotet und an einem Blatt befestigt wird, aufgehängt.

35

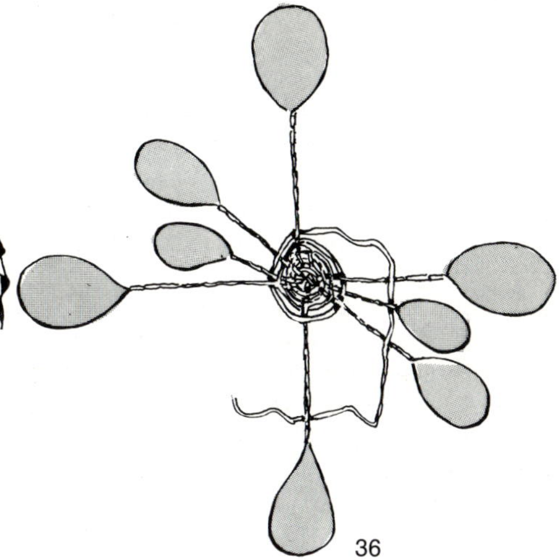

36

Blechblumen

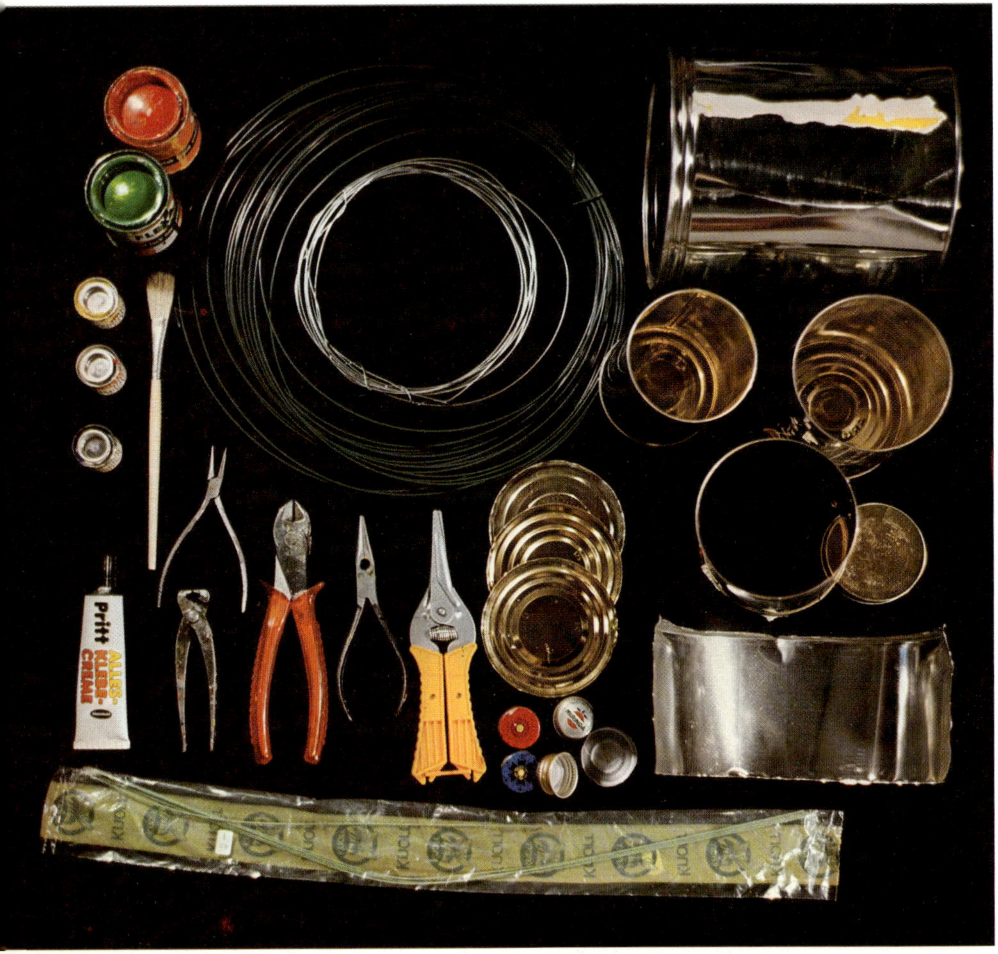

Blechblumen, das heißt, Phantasieblumen aus Weißblech zu arbeiten, bezeugt einen recht eigenwilligen Geschmack. Das Material läßt sich gut schneiden, formen und auch bemalen.
Variationsreich in Form und Größe können Blüten gefertigt werden, auch längere Streifenblätter, ja sogar Farnwedel sind einfach zuzuschneiden. Und der nachträgliche Farbanstrich bringt eine weitere Möglichkeit der Gestaltung.
Das Grundmaterial sind verschieden kleine und große Konservendosen mit ihren Deckeln und die Blechschraubverschlüsse von Flaschen. Für die Stiele verwendet man dicken Blumen-, Silber- oder Schweißdraht. Dann werden noch ein Metallkleber und Holzperlen in mehreren Größen benötigt. Bei den Buntlakken kommt man mit wenigen Grundfarben aus, da sie sich untereinander leicht mischen lassen.
Zur Montage werden eine alte Haushaltsschere, verschiedene Kneif- und Rundspitzzangen, ein Bohrer und ein größerer Nagel sowie ein Hammer bereit gehalten.

Farbige Blumenkränze

Kränze aus farbigen Blumen sind reizvolle Dekorationen für eine lustige Party. Die Blüten werden aus Flaschenschraubverschlüssen gearbeitet. Man muß schon sehr genau hinschauen, um sie als solche wiederzuerkennen.

Und so entsteht die erste Blume: Der Verschluß wird mit dem Boden auf einen kleinen Holzklotz gelegt, genau in die Mitte des Deckels hält man die Spitze eines Nagels und schlägt mit dem Hammer ein Loch (Zeichnung 37). Jetzt wird vom Rand aus mit der Schere in gleichen Abständen eingeschnitten. Die entstandenen Zacken rundet man zu einzelnen Blättchen ab und biegt sie mit der Rundspitzzange nach außen (Zeichnung 38).

Aus dickem Blumendraht wird ein 15 cm langer Stiel zugeschnitten. Man schiebt eine passende Holzperle, dann die Deckelblume und wieder eine Perle bis an die Spitze des Stiels. Alle Berührungspunkte werden mit Metallkleber bestrichen und nach dem Ablüften fest zusammengedrückt.

Für die Blumenblätter besorgt man sich Konservendosen. Der Boden wird entfernt und die beiden Randfassungen abgeschnitten. Dann trennt man den Zylinder der Länge nach auf und drückt ihn flach auseinander. Jetzt kann die, mit dem Stift vorher aufgezeichnete Blattform ausgeschnitten und an den Seiten eingezackt werden. Am unteren Ende schlägt man mit Hammer und Nagel zwei übereinanderliegende Löcher (Zeichnung 39). Dieses Ende wird zur Hälfte nach oben gebogen, so daß der Stiel durch beide Löcher geschoben werden kann.

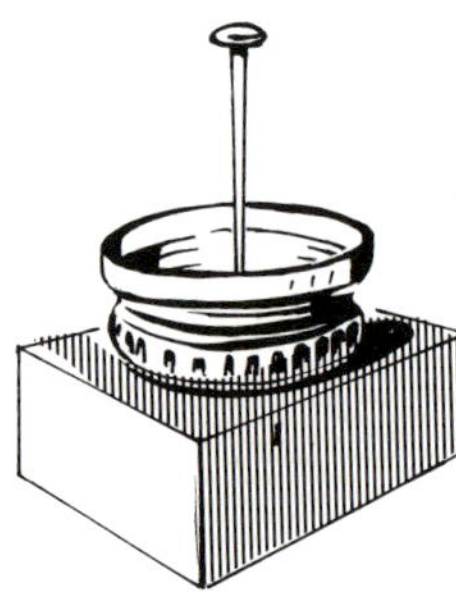
37

38

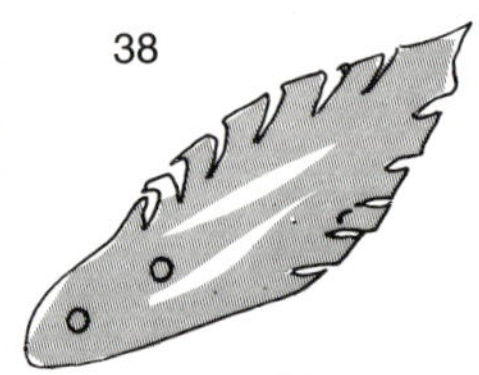
39

40

In gleicher Weise fertigt man für den größeren Kranz noch weitere elf Blumen, für den kleineren insgesamt fünf. Dann werden sie gleichmäßig verteilt an einen Drahtring gebunden (Zeichnung 40) und ganz nach Belieben recht bunt angemalt.

Blumen an halblangen Stielen

Verschiedenartige Rosetten an halblangen Stielen wirken wie die ersten gesammelten Sommerblumen. Von jeder Sorte ist schon eine erblüht.

Für die Grundform der etwas größeren Blumen wird eine 1 kg-Dose aufgeschnitten. Mit Filzstift zeichnet man Kreise von ungefähr 10 cm Durchmesser auf das Blech und schneidet sie aus. Aus dem Rest werden die Blätter geschnitten. Es können, wenn vorhanden, auch die Dosendeckel verwendet werden. In die Mitte jeder Scheibe stanzt man zuerst mit Hammer und Nagel ein Loch und schneidet vom Rand aus bis auf 2 cm zum Innenkreis mehrfach schmal oder breit ein. Die Kanten werden etwas abgerundet und mit der Rundspitzzange zu einer gefälligen Form gebogen. So lassen sich die unterschiedlichsten Blumenformen gestalten (Zeichnung 41).

Jede Blüte wird nun auf einen 20 – 30 cm langen Stiel gesteckt, jeweils davor und dahinter eine passende Holzperle schieben und die Berührungspunkte mit Metallkleber versehen, antrocknen lassen und fest zusammendrücken.

Genauso wie die Blüten werden die Blätter an dem Stiel befestigt. Hier eignen sich jedoch besser längliche Perlen.

Möglichst naturgetreu oder extrem kontrastreich verleiht man diesen Blumen jetzt farbige Leuchtkraft. Zuerst werden die Flächen gleichmäßig dick lackiert und dann die feinen Äderchen und Rippen mit einem feinen Haarpinsel gezogen.

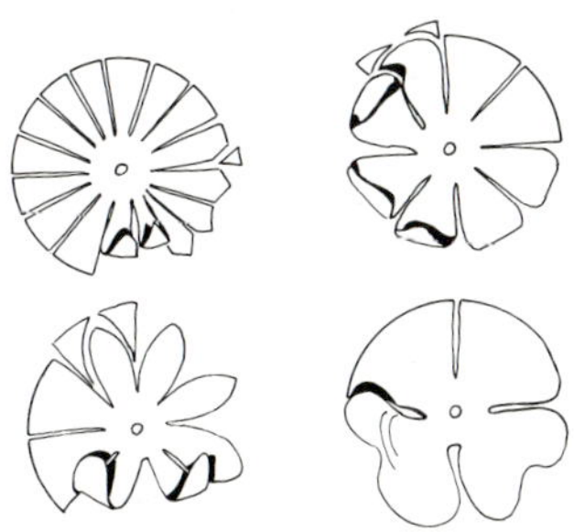

41

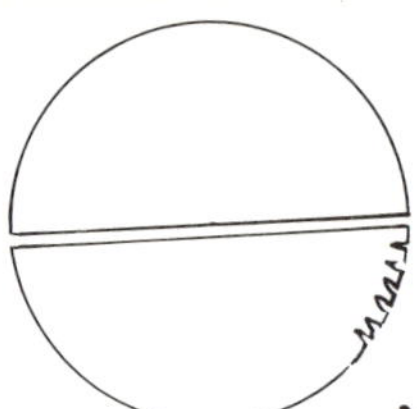

42

43

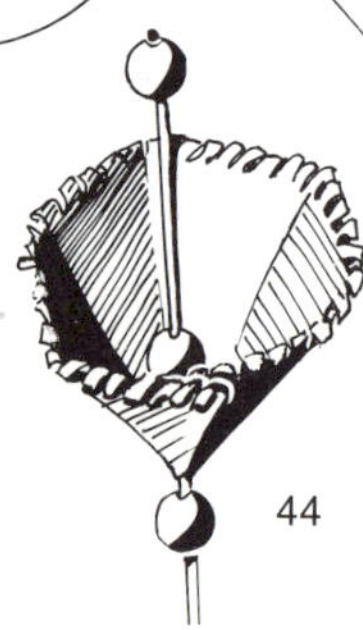

44

Ein Wandrelief

Dieses Relief aus tütenförmigen Metallkelchen ist ein aparter Flächenschmuck. Die ansprechende Wirkung wird vor allem durch die dem Betrachter zugewandten Blüten verstärkt.

Von vier gleichgroßen Flaschen- oder Dosendeckeln entfernt man mit der Schere die Gewinderänder und halbiert die verbleibenden Kreise (Zeichnung 42). Dann wird jeder Halbkreis vom Rand aus ringsherum dicht nebeneinander eingeschnitten. Interessant ist, daß die entstandenen Zacken sich durch das Schneiden zu einer Seite etwas nach außen biegen und so ein gefälliger Randabschluß entsteht. Mit einer Rundspitzzange formt man den Halbkreis zu einer Tüte (Zeichnung 43).

Die Blumenform wird auf einen etwa 40 cm langen Drahtstiel montiert. Zuerst schiebt man eine Perle ungefähr 5 cm unterhalb des einen Stielendes auf, dann folgt die Blüte und wieder eine Perle; auf die Spitze wird eine Perle als verlängerter Kelchschmuck gesteckt (Zeichnung 44). An die Berührungspunkte gibt man je einen Tropfen Klebstoff und drückt die Teile fest aneinander.

Die großen länglich-ovalen Blumenblätter werden aus den Wänden einer 1 kg-Dose zugeschnitten. Unten, am Ansatzpunkt, stanzt man zwei übereinanderliegende Löcher. Dann wird dieses Blattende rechtwinklig umgebogen, so daß der Stiel sich durch beide Löcher schieben läßt.

Um die acht fertiggestellten Blumen entsprechend zu arrangieren und ihnen den nötigen Halt zu geben, legt man grün bezogenen Draht zu einer flachen Schnecke und bindet Anfang und Ende zusammen. Jetzt schiebt man die Blumenstiele über und unter den Drahtschlingen bis zu den Blättern, wie bei einem Geflecht, durch. Unten werden dann alle zusammengenommen und mit einer Drahtschleife versehen.

Anschließend können die Blumen und Blätter mit Lackfarbe angemalt werden.

Ein Bäumchen mit bunten Blechblumen

Das bunte Blechblumenbäumchen am Fenster wird die Aufmerksamkeit sofort auf sich ziehen, denn dies ist etwas Ungewöhnliches und somit reizvoll.
Während eines Spaziergangs im Wald sucht man im Unterholz einen noch gut erhaltenen gegabelten Ast, säubert ihn zu Hause mit der Wurzelbürste und schneidet oder sägt ihn entsprechend zu. Dann werden an den beiden Gabelungen mit einem feinen Bohrer einzelne durchgehende Löcher, gleichmäßig verteilt, gebohrt.
Je nach Größe des Stamms fertigt man 15 bis 20 einzelne Blumen mit Stielen (siehe im Kapitel »Blumen an halblangen Stielen«). Auf jeden Stiel wird dann noch ein zugeschnittenes Blatt geschoben und dies mit der Zange fest angedrückt. Blumen, Blätter und Stiele malt man mit zarten Pastell-Lackfarben an. Nach dem Trocknen wird jeder Stiel durch ein vorgebohrtes Loch gesteckt, das Ende auf der gegenüberliegenden Seite zu einer Schnecke gewunden und möglichst flach an das Holz gedrückt (Zeichnung 45).
Die Blumen richtet man gefällig zueinander aus und stellt das Schmuckbäumchen in einen farblich passenden Übertopf, der mit kleinen und größeren Steinen oder trockenem Sand randvoll gefüllt wird, um somit den nötigen Halt und die erforderliche Standfestigkeit zu geben.

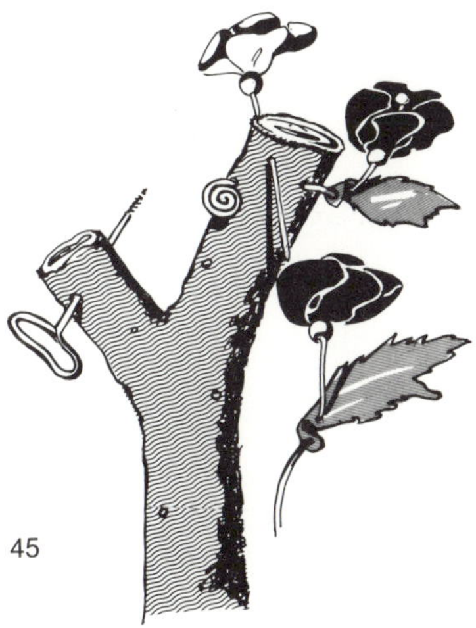

45

Das goldene Schilfgesteck

Dies ist ebenfalls eine zauberhafte Kreation der Phantasie. Aus einer vierblättrigen Rosette sprießt ein dem Gras ähnliches Büschel, die schmalen goldfarbenen Streifen winden sich mehrfach bis zu den Spitzen und werden durch jeden Luftzug in spielerische Bewegung versetzt.

Aus den Wänden von zwei 1 kg-Dosen schneidet man je zwei zusammenhängende Blätter aus und stanzt in den Mittelpunkten ein größeres Loch. Die Blattränder werden ringsherum gezackt (Zeichnung 46).

Für das Metallbüschel benötigt man eine dritte 1 kg-Dose. Das glattgelegte Wandblech wird längsseitig in 1/2 cm breiten Abständen bis auf einen Rand von 4 cm eingeschnitten. Jetzt knickt man den Rand in 1 cm breite treppenartige Falten und drückt sie anschließend nach unten zusammen (Zeichnung 47).

Der Standfuß wird aus einem Dosendeckel gearbeitet. Man schneidet die Blechscheibe bis zur Mitte ein und legt sie tütenartig zusammen. Die übereinanderlappenden Schnittkanten werden zweimal mit einem Nagel durchbohrt und mit Versandtaschenheftklammern versehen. Die Spitze kneift man mit einer Zange ab, um für das Gesteck eine Öffnung zu erhalten.

Nun werden die zuvor geschnittenen Doppelblätter kreuzweise aufeinandergelegt und auf den gefalteten Rand des Streifenbüschels geschoben. Das Ganze drückt man von oben in den Standfuß und richtet die Blätter gleichgewichtig zueinander aus (Zeichnung 48).

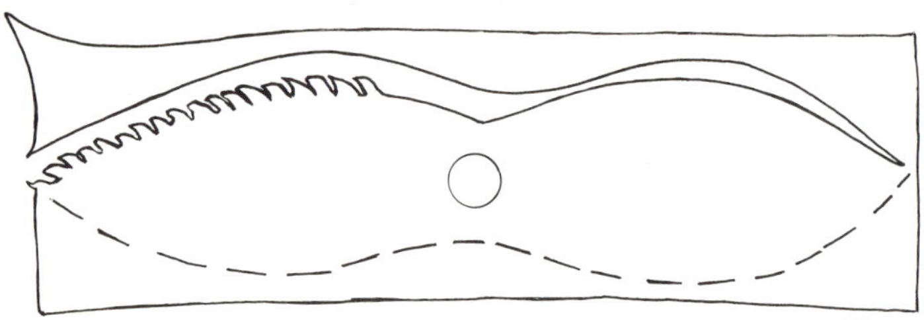

46

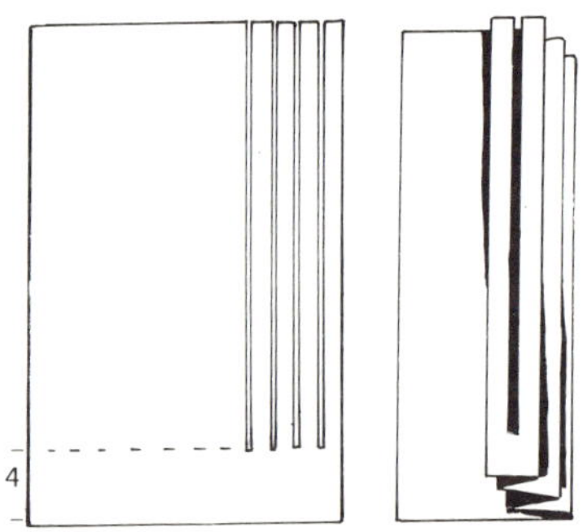

47

48

Blätter

Schmale und breite Blätter als schmückendes Beiwerk sind aus Weißblech in vielen Variationen einfach und schnell zu fertigen.
Für den Blattzweig schneidet man aus einer Dosenwand oder mehreren Blechresten kleine blattähnliche Formen mit einem kurzen Steg als Stiel. Sollen Blattrippen angedeutet werden, so drückt man mit einem stumpfen Stift auf der gewünschten Oberseite leicht geschwungene Linien ein. Nun können die Blätter mit ihren Stielen untereinander versetzt an einen langen Schweiß- oder Blumendraht gewunden werden.
Farnähnliche große Blätter werden aus 5 kg-Dosen gearbeitet. Auch hier entfernt man zuerst den Boden und die Randringe, schneidet dann den Zylinder auf und teilt das flachgedrückte Blech in etwas breitere Streifen. Mit einem Filzstift wird von der linken oberen Ecke bis ungefähr zur Mitte der unteren Schmalseite eine Linie gezogen, auf der gleichmäßig verteilt mit dem Hammer und einem Nagel mehrere Löcher geschlagen werden (Zeichnung 49).
Im Auf- und Niedergang schiebt man durch die Löcher einen etwa 50 cm langen Schweißdraht. Oben, auf die Spitze dieses Stiels, wird eine Perle gesteckt und mit Klebstoff gefestigt (Zeichnung 50).
Je nachdem, welche Form das Blatt haben soll, schneidet man schmale Rispen, Zacken oder bänderartig vom Rand des Blechs bis kurz vor dem Stiel ein (Zeichnung 51).
Die Dosen sind meist einseitig silber- oder goldfarben. So können die Blätter auch ohne Anstrich sehr dekorativ aussehen.

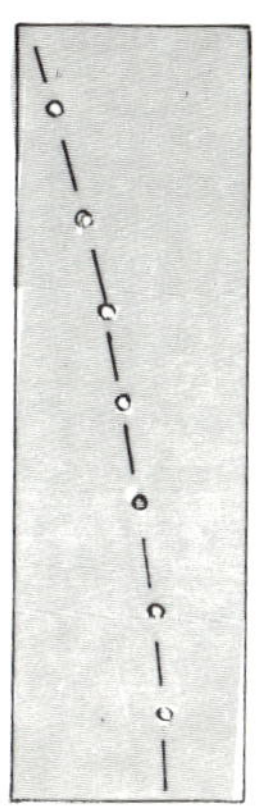
49

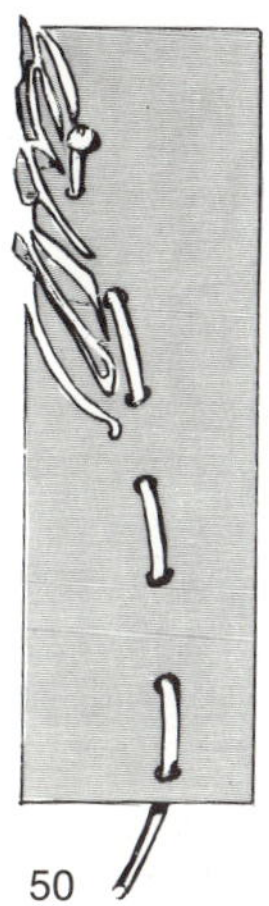
50

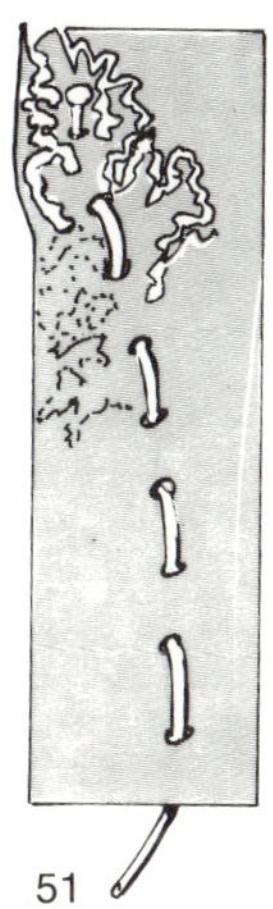
51

Prachtblumen

Prachtblumen sind dazu bestimmt, die Aufmerksamkeit auf sich zu ziehen. Sie stehen deshalb am besten an einem zentralen Ort in einer passenden Bodenvase. Immer, wenn jemand vorbeigeht, wird das Metall durch den Luftzug in Schwingung gebracht, und die Blumen klingen dann.
Die Machart der Blumen und des Blattzweiges ist bis auf die beiden goldenen schon in den vorangegangenen Kapiteln beschrieben worden. Um die rechte gefranste Blütenrosette entstehen zu lassen, schneidet man zunächst zwei Blechteller mit den Durchmessern 10 cm und 15 cm. Dann werden sie vom Rand aus bis auf einen Mittelkreis von 2 cm beziehungsweise 5 cm eingeschlitzt und blattähnlich

abgerundet. Der dritte untere Teller ist aus einer halben 1 kg-Dose mit einem Boden geschnitten worden (Zeichnung 52).
Alle Teller erhalten nun in der Mitte ein Loch. Auf den 2 mm starken und 50 cm langen Schweißdrahtstiel steckt man als Spitze mehrere Perlen. Dann werden der kleine Teller und ein Flaschenschraubverschluß – ebenfalls mit einem Mittelloch versehen – aufgeschoben. Jetzt folgt das Mittelteil und wieder ein Schraubverschluß. Unter den großen Teller kann man als Abschluß eine dicke Perle oder einen kleinen Deckel schieben (Zeichnung 53). Nun noch die einzelnen Teile an ihren Berührungspunkten mit Klebstoff betupfen, antrocknen lassen und fest zusammendrücken.
Die goldene Rose wird aus einem Dosendeckel und einem 7 cm breiten und 30 cm langen Blechstreifen an einen Schweißdraht als Stiel gearbeitet (Zeichnung 54). Ein Ende des Drahtes dreht man zu einer kleinen Spirale, sie soll den Blütenkelch andeuten. Der Deckel wird in eine blütenähnliche Form geschnitten und mit einem Mittelloch versehen. Dann schiebt man ihn von unten nach oben auf den Stiel bis an den Kelchschmuck heran. Dahinter kommt eine Perle, die mit Klebstoff gehalten wird. So sitzt das Mittelstück der Blume fest an.
Eine Längsseite des Blechstreifens wird in größere Blütenblätter aufgeteilt und bis auf einen 3 cm Rand eingeschnitten. Nun schiebt man ihn durch das eingestanzte Loch in der äußeren Ecke auf den Stiel dicht an die Perle heran. Dann wird er wie ein Band immer wieder um den Stiel gelegt, wobei man den durchgehenden Rand faltet und fest andrückt (Zeichnung 55). Den kleinen Einschnitt am Ende des Streifens windet man als Halt fest an den Stiel. Zum Schluß werden die Blätter mit einer Flachzange in eine gefällige Form gebogen, damit es eine schöne Rose wird.

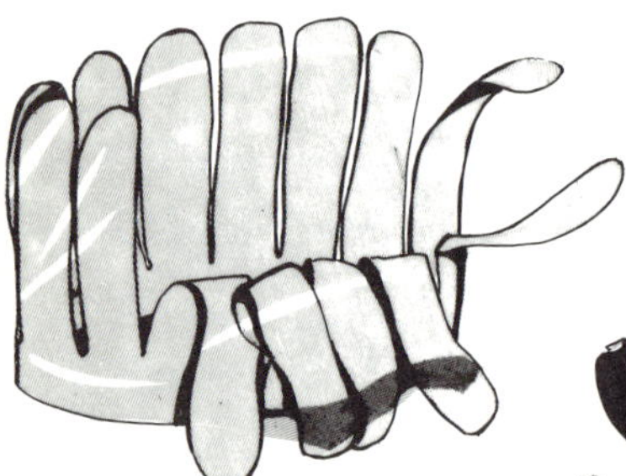

52

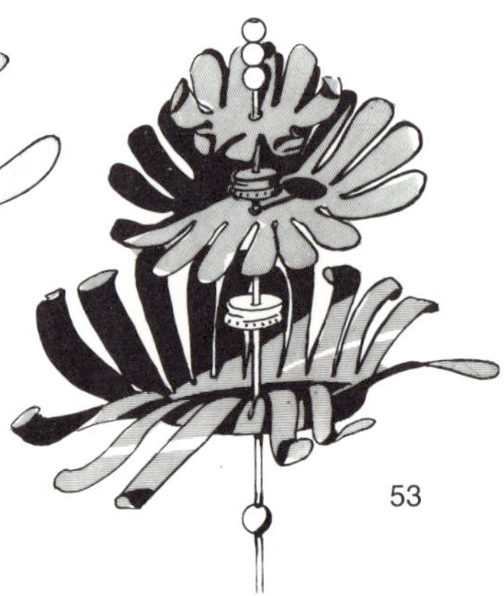

53

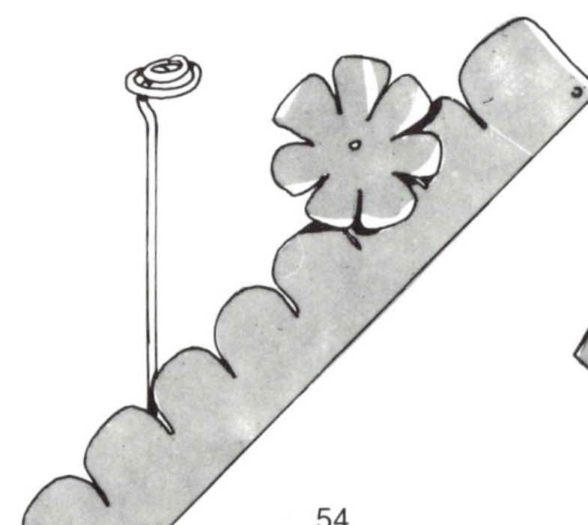

54

55

Abstrakte Blumengebilde

Abstrakte Blumengebilde passen nicht nur zu modernen Einrichtungen. Je nach Gestaltung, Farbgebung und gewähltem Gefäß, kann dieses Perlblumenspiel in jeder Wohnung ein ansprechender Blickpunkt sein.

Aus vorhandenen oder gekauften Gardinenkugeln, verschieden großen farbigen Holz- oder Glasperlen und glitzerndem Messingdraht wird die Komposition gearbeitet. Von dem Endlosdraht schneidet man ungefähr 50 Stücke zu je 10 – 30 cm ab. Auf jedes Drahtstück wird eine Perle gesteckt, das Ende zur Schlaufe gebogen und verdrillt (Zeichnung 57). Nun windet man die Stiele in ungleichen Längen und Abständen – eventuell mit der Rundspitzzange – aneinander (Zeichnung 58).

Sind in dieser Weise mehrere Drahtzweige mit kleinen und mittleren Perlen entstanden, werden ihre Stiele zusammengenommen, durch ein oder zwei große Gardinenkugeln gesteckt und weiter nach unten in das Gefäß geführt. Dann richtet man die Perlenzweige zueinander aus, bis das Gleichgewicht erreicht ist.

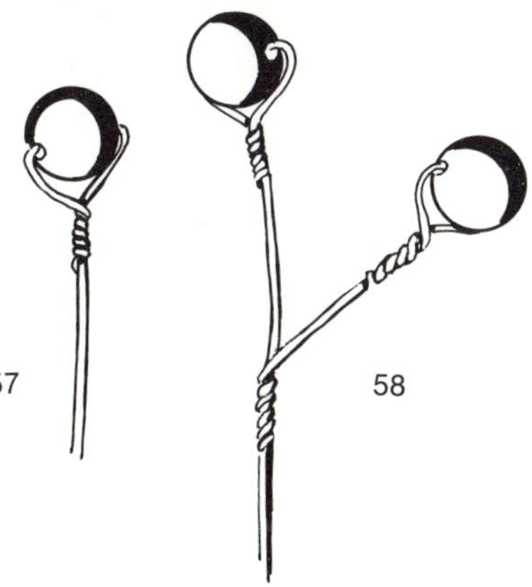

57

58

Herbststräuße

Sträuße aus gesammelten und getrockneten Fruchtständen, Schalen oder Kernen der Herbstmonate beläßt man gern in ihren braun-beigen Naturtönen. Ob es nun das Gehäuse einer Kastanie oder Buchecker, ein kleiner Tannenzapfen oder etwas Ähnliches in bizarrer Form ist, alles kann man verwenden.

Diese im Garten oder auf dem Waldboden gefundenen Pflanzenteile haben überwiegend keine Stiele. Damit man sie nun zu einem Strauß arrangieren und binden kann, werden Drahtstiele angearbeitet. Die Zeichnung zeigt verschiedene Möglichkeiten der Befestigung und Gestaltung (Zeichnung 56). Die kleinen Kunstgriffe kaschiert man jedesmal mit Floristenkreppband.

Zur weiteren Ausschmückung kann man die in Bastelgeschäften und Blumenhandlungen angebotenen getrockneten Baumpilze, exotischen Montageblumen und auch Gewürze mit einbauen. Im zweiten Beispiel umgeben skelettierte Blätter manschettenartig den Strauß.

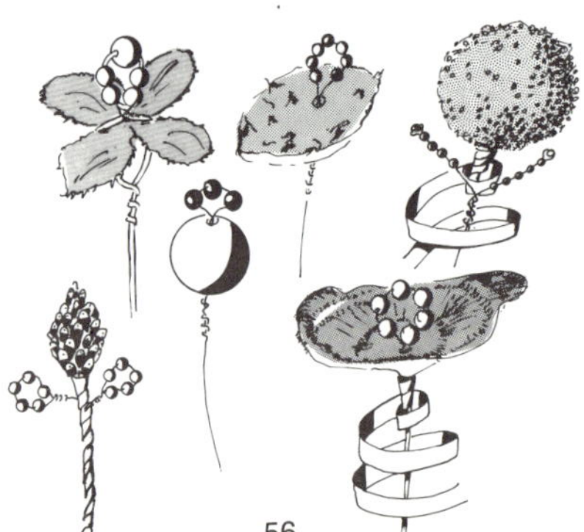

56

Gefüllte Blumen

Füllige Blumen lassen sich sehr gut aus Styropor fertigen. Die Industrie verwendet für den Versand ihrer Waren neben den bekannten Platten und Behältern auch kleine Formen wie »Nudeln«, »Hörnchen« oder »Chips«. Für den Empfänger ist dies wertlos, aber für den Bastler ein interessantes Material.

Auf den Blech- oder Kunststoffdeckel eines formschönen Marmeladenglases gibt man nach Vorschrift angerührte Füll- oder Spachtelmasse. Solange diese noch feucht ist, werden die einzelnen Styroporstücke in der Runde zu einer großen, gefüllten Blüte angeordnet und eingedrückt (Zeichnung 59). Während der Trocknungszeit widmet man sich weiteren Blumenformen.

Um Tulpen- und nelkenähnliche Blumen mit Stiel zu gestalten, wird zunächst eine Hilfsunterlage aus 10 x 10 cm PVC geschnitten. Hierauf gibt man die Steckmasse und arbeitet die einzelnen Chips zu einer Knospe oder Blüte ein (Zeichnung 60). Nach ungefähr sechs Stunden zieht man das PVC ab, steckt von oben nach unten durch die Mitte einen zugeschnittenen Drahtstiel und festigt die beiden Teile mittels Perlen (Zeichnung 61).

Da die Styroporstücke leicht brechen, taucht man die fertigen Blumen ganz in dünnflüssige Spachtelmasse, danach müssen sie wieder einige Stunden trocknen. Jetzt können die Blütenblätter mit Lack- oder anderen Deckfarben bunt gemalt werden.

Die Stiele der einzelnen Blumen umwickelt man mit Floristenband, nimmt sie zu einem üppigen Strauß zusammen und stellt ihn mit oder ohne Biedermeiermanschette dekorativ in eine Vase.

59

60

61

Ausgefallene Blumenobjekte

Derart ausgefallene Blumenobjekte können aus ausgebrannten Glühbirnen zusammengestellt werden. Das Besondere an Glühbirnen sind die Formen sowie der geschlossene Körper und die Materialkombination: Glas und Metall. Es spricht dafür, daß man mit einer ausgefallenen Idee viele Glühbirnen – auch wenn sie nicht mehr brennen – in ein ganz anderes Licht setzen kann.
Das Glas läßt sich einwandfrei mit Lack-, Glas- oder Emaillefarben ein- oder mehrfarbig bemalen. Zum Trocknen stellt man die Schraubgewinde auf Flaschenöffnungen.
Für das Glühbirnensträußchen wird ein passendes Gefäß bis zum Rand mit Styroporstücken und angerührter Spachtelmasse gefüllt. Dann legt man nacheinander die Glühbirnen im Rundgang ein, gibt wieder etwas Füllmasse in die Mitte und auf die Schraubgewinde und baut die nächste Runde auf. So geht es weiter, bis ein gefälliges Arrangement entstanden ist.
Das Glühbirnen-Wandrelief zeigt eine große sternförmige Blüte. Der Rahmen wird aus einer Styropor- oder Kartonplatte und alten Holzleisten gebastelt. Dann bestreicht man ihn 1 cm dick mit Spachtelmasse. Die Trocknungszeit beträgt ungefähr 24 Stunden. So können die Glühbirnen in aller Ruhe angemalt werden.
Für die Montage gibt man auf die Innenfläche des Rahmens gleichmäßig Spachtelmasse, gruppiert die Glühbirnen mit dem Gewinde nach innen zunächst zum äußeren Kreis und dann weiter immer kleinere Kreise zur Mitte hin, bis es ein geschlossenes Ornament ist. Das fertige Wandrelief muß noch einige Stunden zum Trocknen liegen bleiben, bevor man es an Ort und Stelle anbringen kann.

Modellierblumen

Modellierte Blumen können sehr naturgetreu wirken; je nachdem, welche Formmasse verwendet wird und mit welcher Geschicklichkeit man an die Sache herangeht. Aus den verschiedensten, geformten Blumen läßt sich in Vasen, Schalen oder ähnlichen Behältern reizvoller Zimmerschmuck arrangieren.
Zu Ostern erhält jedes Familienmitglied einen Eierbecher in einer anderen Blumenform. Man arbeitet sie aus der farbigen Modelliermasse »Fimo«. Auf eine geknetete und flachgedrückte Kugel wird in die Mitte ein Papp- oder Kunststoffring gesetzt, der in der Größe einer Eikuppe entspricht (Zeichnung 62). Die vorgeformten, einzelnen Blütenblätter reiht man nun um den Ring und drückt das untere Ende in den Boden (Zeichnung 63). Zur weiteren Bereicherung können außen noch grüne längliche Blättchen angefügt werden (Zeichnung 64).
Sind alle Blumeneierbecher fertiggestellt, werden die einzelnen Formen entsprechend der Anleitung, die jeder Packung beiliegt, gebrannt. Abschließend überzieht man sie mit farblosem Lack.
Die kleinen stilisierten Glockenblumen sind für das Kinderzimmer gedacht. Aus der weißen Formmasse »Darwi« dreht man viele gleichgroße Kugeln und steckt in jede eine kurze Drahtschlinge. Nun müssen sie an der Luft trocknen und erhärten. Als Blättchen werden kleine Würste gerollt, etwas flach gedrückt und auf einen Draht geschoben. Für die Stiele schneidet man 15 cm lange Drähte, biegt mit der Rundspitzzange jeweils ein Ende zu einer Schlaufe und steckt sie gleichmäßig verteilt in Floristenmoos oder etwas Ähnliches.
Nach der Trocknungszeit können die Kugelglöckchen mit Lackfarben bemalt und eingehängt werden.

62

63

64

Ziervögel
in Haus und Voliere
Arten · Verhalten · Pflege
(0377) Von Horst Bielfeld, 144 S.,
32 Farbfotos, kart., DM 9,80

Beeren und Waldfrüchte
erkennen und benennen –
eßbar oder giftig?
(0401) Von J. Raithelhuber, 136 S.,
90 Farbfotos, 40 s/w, kart., DM 16,80

Arzneikräuter und Wildgemüse
erkennen und benennen
(0459) Von J. Raithelhuber, 140 S.,
108 Farbfotos, kart., DM 12,80

Tee für Genießer
(0356) Von Marianne Nicolin, 64 S.,
4 Farbtafeln, kart., DM 5,80

Fred Metzlers
Witze mit Pfiff
(0368) 120 S., Taschenbuchformat,
kart., DM 5,80

Selbst Brotbacken
mit über 50 erprobten Rezepten
(0370) Von Jens Schiermann, 80 S.,
mit 6 Zeichnungen und 4 Farbtafeln,
kart., DM 6,80

Kalorien · Joule
Eiweiß · Fett · Kohlenhydrate
tabellarisch nach gebräuchlichen
Mengen
(0374) Von Marianne Bormio, 88 S.,
kart., DM 4,80

Zimmerpflanzen
(5010) Von Inge Manz, 64 S.,
98 Farbabb., Pbd. DM 9,80

Die 12 Sternzeichen
Charakter, Liebe und Schicksal
(0385) Von Georg Haddenbach,
160 S., gbd., DM 9,80

Möbel aufarbeiten, reparieren und pflegen
(0386) Von E. Schnaus-Lorey,
96 S., 104 Fotos und Zeichnungen,
kart., DM 6,80

Selbst Wahrsagen mit Karten
Die Zukunft in Liebe, Beruf und
Finanzen
(0404) Von Rhena Koch, 112 S.,
viele Abb., Pbd., DM 9,80

Einkochen
nach allen Regeln der Kunst
(0405) Von Birgit Müller, 96 S.,
8 Farbtafeln, kart., DM 6,80

Die besten
Tierwitze
(0496) Herausgegeben von
Peter Hartlaub und Silvia Pappe,
112 S., 25 Zeichnungen, kart., DM 5,80

Tauchen
Grundlagen – Training – Praxis
(0267) Von W. Freihen, 144 S.,
71 Fotos und Farbtafeln, kart., DM 9,80

Moderne Schmalfilmpraxis
Ausrüstungen · Drehbuch · Aufnahme
Schnitt · Vertonung
(4043) Von Uwe Ney, 328 S., mit über
200 Abb., teils vierfarbig,
gbd., DM 29,80

Windsurfing
Handbuch für Grundstein und Praxis
(5028) Von Calle Schmidt, 64 S.,
über 50 Abb., durchgehend vierfarbig,
Pbd., DM 9,80

Reiten
Vom ersten Schritt zum Reiterglück
(5033) Von Herta F. Kraupa-Tuskany,
64 S., mit vielen Zeichnungen und
Farbabb., Pbd., DM 9,80

Die Selbermachers
renovieren ihre Wohnung
(5013) Von Wilfried Köhnemann,
148 S., 374 Farbabb., Zeichnungen
und Fotos, kart., DM 14,80

Bauernmalerei
leicht gemacht
(5039) Von Senta Ramos, 64 S.,
78 vierfarbige Abb., Pbd., DM 9,80

Großes Getränkebuch
Wein · Sekt · Bier und Spirituosen
aus aller Welt, pur und gemixt
(4039) Von Claus Arius, 288 S.,
mit Register, 179 teils großformatige
Farbfotos, Schuber, gbd., DM 58,–

Die besten
Ostfriesenwitze
(0495) Herausgegeben von
Onno Freese, 112 S., 17 Zeichnungen,
kart., DM 5,80

Moderne Fotopraxis
Bildgestaltung · Aufnahmepraxis ·
Kameratechnik · Fotolexikon
(4030) Von Wolfgang Freihen, 304 S.,
mit 244 Abb., davon 50 vierfarbig,
Balacron mit vierfarbigem Schutzumschlag, abwaschbare Polyleinprägung, DM 29,80

Falken-Handbuch spielen
drinnen und draußen, für jung und alt
(4034) Von Heinz Görz, 430 S.,
mit 370 farbigen Zeichnungen,
gbd., DM 36,–

CB-Code
Wörterbuch und Technik
(0435) Von Richard Kerler, 120 S.,
mit technischen Abb., kart., DM 7,80

Münzen
Ein Brevier für Sammler
(0353) Von Erhard Dehnke, 128 S.,
30 Abb. – teils farbig –, kart., DM 9,80

Naive Malerei
leicht gemacht
(5083) Von Felizitas Krettek,
64 S., 76 Farbfotos, Pbd., DM 9,80